KB092708

MY
JOB
나의 직업

어쩌면 당신의 시선

CONTENTS

Part Three

Who & What Ⅱ

Part Four

Get a Job

Part One

History

오늘날 우리 사회에서 외교관이라는 직업이 갖는 이미지는
어느 정도 정형화되어 있다고 볼 수 있다. 불과 수십 년 전만 해도
외국에 나가는 일이 상류층의 일로만 여겨지던 시절에는 세계
곳곳을 자유롭게 다닐 수 있는 외교관이라는 직업이 선망의
대상이었기 때문이었다.

또 당시에는 지금처럼 외국어 열풍이 불지 않았던 시기여서
외교관의 활발한 국제 활동과 외국어 구사 능력 등이 퍽 세련된
직업으로 여겨지기도 했다.

이런 연유 덕분인지 외교관은 청소년들과 학부모들에게
언제나 선망하는 직업 순위에서 상위권을 놓치지 않고 있었다.
그러나 시간이 흐르면서 꼭 외교관이 되지 않고도 자유롭게

해외에 거주하거나 생활을 할 수 있을 뿐만 아니라 본인의 의지와
노력 여하에 따라 외교관이라는 직업을 통하지 않고도 국제적인
활동을 이어갈 수 있는 다양한 기회가 열리면서 외교관에 대한
생각도 이전과는 다르게 보다 전문적인 시각으로 바라보기
시작했다.

한국직업능률개발원이 학부모 상대로 조사한 자녀의 직업
선호도 순위에서 외교관은 초등학생 자녀를 둔 부모들에게
9위(3.3%), 중학생 자녀 학부모에게는 7위(3.2%)를 기록했다.
하지만 고등학생 자녀를 둔 부모들을 대상으로 한 조사에서는
10위권 밖으로 밀려났다고 한다.

하지만 이러한 선호도만으로 외교관이라는 직업의 순위를
매기는 것은 옳은 방법이 아니다. 상대적으로 고된 업무에
시달리고, 막중한 책임감을 가져야 하며 성과에 대한 보상보다
실패에 대한 책임이 훨씬 큰 직업, 오로지 국가와 국민의 이익을
위하여 헌신해야하는 직업이 바로 외교관이다. 때문에 외교관은
여전히 국가의 중추적 역할을 하는 의미 있는 직업이어서
만족도는 물론 그 의미가 큰 직업이라고 할 수 있다.

그렇다면 이러한 외교관의 면모를 살펴보기에 앞서 그들의
주된 업무인 외교 활동, 즉 외교란 무엇인지 우선 짚고
넘어가도록 하자.

외교의 영어 표현은 디플로머시(diplomacy)라고 한다. 이 말은
'접어 포개다'라는 뜻의 그리스어 diplomas로부터 유래했다고
전해진다. 로마제국시대에는 '접어 포개진' 모양의 금속판으로
만든 통행권을 diplomas라고 불렀는데, 그 후 점차 의미가
확대되었고, 공식적으로는 1645년부터 공문서라는 의미로
사용하게 되었다고 한다.

오늘날과 같이 외교의 뜻으로 diplomacy가 쓰이게 된 것은
18세기 말엽의 일로, 즉 외교라는 단어가 공식적으로 통용된 것은
비교적 최근의 일이다.

외교라는 단어의 뜻은 다른 나라와 정치적, 경제적, 문화적
관계를 만들어나가는 것이라고 정의해볼 수 있지만 사실 그
의미가 그리 녹록치만은 않다. 정치적, 경제적, 문화적이라는
분야로 한정 짓기는 했지만 사실상 오늘날 국제 사회 속에서
외교의 영향이 미치지 않는 곳은 거의 없다고 보아도 무방하다.

이처럼 넓고 방대한 의미를 지닌 외교는 어쨌거나 국가와 국가
간의 관계에서 일어나는 일이다. 물론 이것은 한 국가의 대외정책
그 자체를 뜻하는 용어로 쓰이기도 하고, 대외관계의 처리방법을
가리키는 말로 쓰일 때도 있다. 즉 대외정책을 결정할 때 하는
입법적 측면, 대외정책을 수행할 때 적용되는 집행적인 측면을
가리키는 것이라 볼 수 있다. 그런데 좁은 의미의 외교는 후자의
의미인 외교교섭을 뜻하는 말로 쓰이며, 우리가 일반적으로
외교라고 사용하는 단어는 대부분 이 의미이다.

영국의 옥스퍼드사전에는 "외교란 교섭에 의한 국제관계의
처리이고, 대사/공사에 의하여 이들의 관계가 조정·처리되는
방법이며, 외교관의 직무 또는 기술이다." 라고 정의되어 있지만,
오늘날의 외교 담당자는 이미 대사/공사 및 외교관에 한정되어
있지 않다.

그러나 이 정의는 외교의 책임이 정책 결정 그 자체가 아니라,
주로 결정된 정책을 수행하는 것 즉 '교섭'에 있다는 것을
나타내고 있다. 따라서 외교는 그것이 정책이거나 교섭이거나를
막론하고 최소한의 희생으로 최대한의 국가이익을 실현하는
것을 목적으로 한다. 그 국가이익은 안전보장일 수도 있고,
경제적 이해와 관련되어 있을 수도 있다. 또 그러한 국익을
실현하기 위해서 경우에 따라, 군사력이 동원될 수도 있고 때로는
경제력을 과시하거나 국제 여론에 호소해 힘을 모을 수도 있으며,
문화적인 힘이 사용될 수도 있다.

외교관의 정의

외교관이란, 간단히 말해 국가를 대표하여 자국의 이익과
국민을 보호하기 위해 다양한 일을 하는 사람이다. 예를 들면
상대국과 외교교섭을 하기도 하고, 그 나라의 사정과 다양한
정보를 본국에 보고하기도 하며, 양국 간 우호협력 관계가 잘
유지될 수 있도록 다방면에서 노력하는 사람들이다.

우리나라의 외교관은 보통 2년, 혹은 3년을 주기로 국내와
해외를 오가며 순환근무를 하도록 규정하고 있다. 국내에서
근무할 때는 '외무공무원' 이라는 직업명을 가지게 되며 다른
중앙부처 공무원들과 동등한 대우를 받으며 일하게 된다. 그러나
이들이 해외에서 근무하게 될 때에는 재외공관에서 근무하게
되며 '대한민국을 대표'하는 자격을 지닌 공무원으로서 외교와
관련된 업무를 수행하게 된다.

또 이 때 업무의 효율과 신분에 대한 안전과 원활한 외교
활동을 위해 외교관으로서 여러 면책과 특권을 누리기도 한다.

흔히 해외 주재공관의 대사를 외교관의 꽃이라고 부른다.
국가를 대표해 한 나라와의 정치·경제·문화 등 전반적
양자관계를 책임지는 자리이기 때문이다. 대사로 내정되면
주재국에 파견임명동의를 뜻하는 '아그레망'을 요청하고 이후
대통령으로부터 '신임장'을 받아 현지에 부임한다. 주재국 최고
국정책임자에게 신임장을 전달하고 자신의 부임을 정식으로
알리고 동의를 구하는 의식을 '신임장 제정식'이라고 한다.

외교관들은 공직 생활을 하는 동안 3~4차례 외국 공관 근무를
한다. 대사관과 영사관, 분관, 출장소, 대표부를 모두 포함한 전
세계 173개 공관이 이들의 근무지다. 어느 나라에서
근무하느냐에 따라 생활 여건과 업무 여건이 크게 달라지기
때문에 선호하는 지역과 기피하는 지역이 뚜렷이 갈린다.
미주·유럽·동남아 등이 대표적 선호 지역이다. 그런데 모두가
선호 지역에서만 근무할 수는 없는 노릇이어서 외교부에 들어와
처음 10년 정도는 외국 공관 발령을 받을 때 철저하게 '냉·온탕

▲ 대한민국과 이탈리아 외교단의 만남

원칙'을 적용 받는다. 선호 지역에서 3년 근무한 이후에는 험지나
오지 등 기피 지역으로 발령받는 식이다.

이를 위해 외교부는 생활 여건과 국가적 중요도 등을 기준으로
재외공관을 가·나·다·라 4개 지역으로 자체 분류하고 있다. '가'
지역에서 근무를 했다면 그 다음은 거의 예외 없이 '라' 지역
근무를 해야 한다. 다만 외교부가 분류한 지역별 국가 중요도는
상대방 국가와의 관계를 감안해 절대 외부에 공개하지 않는다.

그리고 한번 해외공관 발령을 받으면 통상 3년 정도 현지에서
일한다. 위험 지역이나 오지의 경우 1~2년 정도 근무한 뒤
교체된다.

해외 공관 근무자가 모두 외교부 직원으로 구성되지는 않는다.
다른 부처에서 해당국에 파견된 공무원들도 주재관이라는
이름으로 함께 일한다. 주재관들은 해당국에서 일하는 동안
외교관 신분을 부여 받고 공관장의 지휘 감독을 받는다.

외교관의 행위는 그 행위 자체가 국가의 행위로 여겨질 수 있다. 즉 개인의 행위가 곧 국가의 행위로 생각될 위험과 책임을 동시에 안고 있다는 뜻이다. 따라서 외교관의 공적 행위는 매우 신중을 기해야 한다.

일반적으로 외교관의 행위는 한 국가의 주권행위의 일환으로 간주되는데, 외교관의 특권 및 면제는 파견국 주권의 존중과 접수국 주권의 존중이라는 이중적 측면을 갖게 된다. 다시 말해 외교관의 특권 및 면제와 관련하여 외교관은 재외공관에서 행하는 업무가

국제법에 따라 주재국 관할권으로부터 일정 범위의 면책 특권을 누리지만 기본적으로 주재국의 관할권 공간에서 활동하고 있음을 의식하면서 행동하여야 하는 것이 외교관의 의무라 할 수 있다.

다음은 외교관의 특권 및 면제와 관련된 내용이다.

인적 불가침

외교관은 공무집행중이든 개인으로서든 그 상황을 불문하고
외교관의 신분을 유지하고 있다는 사실만으로 개인적인 특권과
면제권을 지닌다. 외교관의 인적 불가침은 접수국으로부터의
불가침이라는 의미와 접수국 국민에 의한 침해로부터 접수국이
특별히 보호해 주어야 한다는 이중적인 의미를 가진다.

외교협약 제29조는 '외교관의 신체는 불가침이다. 외교관은
어떠한 형태의 체포 또는 구금도 당하지 아니한다. 접수국은
상당한 경의로써 외교관을 대우하여야 하며 또는 그의 신체, 자유
또는 품위에 대한 여하한의 침해에 대하여도 이를 방지하기
위하여 모든 적절한 조치를 취해야 한다.'고 규정하고 있다.

단, 예외적으로 인적 불가침에도 불구하고 폭행 등 범죄
현장에서 적발된 외교관에 대하여는 더 이상의 범죄행위를
방지하기 위해 경우에 따라서는 접수국 경찰에 의해 일시
체포되는 것은 인정된다. 그러나 이 역시 일시적이라는 측면에서
외교관의 인적불가침은 절대적인 성격을 갖는 것으로 간주된다.

예를 들어 접수국 경찰은 외교관 신분을 주장하는 자를
경찰서에 같이 가서 신분을 확인하도록 임의 동행할 것을 요청할
수는 있지만, 현장에서 신분이 확인된 경우라면 범죄의 혐의가
있더라도 강제로 경찰서로 연행할 수 없다.

외교관의 인적 불가침과 관련하여 외교관의 개인적 주택 또한
불가침의 영역에 있다. 외교협약 제30조제1항에 따르면,
외교관의 개인 주거는 공관지역과 동일한 불가침과 보호를
향유하며, 외교관의 서류와 통신문 등도 동일하게 불가침권을
지니고 있다.

▲ 외교관 신분을 가진 자를 강제로 체포 및 구금할 수 없다.

사법관할권으로부터 면제

원칙적으로 외교관은 접수국의 재판관할권으로부터 면제된다.
물론 재판관할권에 따라 다소 상이한 점이 있는데
민사재판관할권에 대하여는 원칙적 범위 내에서 다소 예외를
인정하고 있지만, 형사재판관할권으로부터는 절대적 면제를
누리기 때문에 예외 또한 허용되지 않는다.

인적불가침과 사법관할권으로부터 면제의 차이점은
인적불가침이 '물리적인 힘'의 행사를 금지하는 것이라면
사법관할권은 '법적 힘'의 절차로부터의 면제라는 점이다.

외교협약 제31조제1항의 전문은 '외교관은 접수국의
형사재판관할권으로부터 면제를 향유한다.'를 명문으로 규정하고
있는데, 이에 따라 외교관은 접수국의 형법에 위반된 행위를 한
경우에도 소추되거나 처벌되지 않는다. 다만, 몇 개의 규정을
두어 형법위반행위를 범한 외교관의 경우에 접수국은 '페르소나
논 그라타(Persona non grata)'를 선언하여 본국에 그의 소환을
요구할 수 있고 또는 직접 해당 외교관에 대해서 퇴거를 명령할
수 있는 방법이 존재한다.

한 예로, 미국 주재 B국 대사의 손자가 나이트클럽 앞에서 시비

끝에 살인죄를 범한 사건에서 범죄자의 신분이 외교관의 가족으로 확인되자 일단 외교면제 대상으로 인정되어 석방된 후에 추방된 사건이 있었다.

이와 같이 일반인들은 누릴 수 없는 형사재판관할권으로부터 절대적으로 외교관을 면제시키는 이유는 이러한 형사재판관할권에 대한 변제가 없을 경우 접수국의 권력적 압력이 외교관에게 적용되어 외교관 본연의 업무 활동 영역이 축소되는 것을 방지하기 위함이다.

그러나 이러한 외교관의 재판관할권으로부터 면제가 외교관은 접수국 법령을 무시해도 된다는 의미는 아니다. 외교관은 단순히 절차상의 재판으로부터 면제될 뿐, 접수국 또는 주재국의 법령 준수 의무는 면제되지 않는다. 또한 외교 면제는 외교관이 저지른 행위에 대한 법적 책임으로부터 면제가 아니다. 그것은 소송절차로부터의 면제이며 접수국의 법령을 위반하는 경우 외교관에 대한 소송절차만이 일시 중단된다. 따라서 외교관 신분이 종료되거나 또는 외교면제를 포기하는 경우 관련 외교관에 대한 소송절차가 개시되며 이는 어떠한 문제도 발생시키지 않는다.

동시에 접수국의 재판관할권으로부터 면제가 되지 파견국의 재판관할권으로부터는 면제되지 않는다.

또한 외교협약 제31조제1항에 따라 외교관은 원칙적으로 접수국의 민사재판관할권으로부터의 면제 특권을 향유한다.

단 접수국 내의 개인 부동산, 상속, 공무 이외의 상업적 활동에 대한 소송의 세 가지 경우에는 면제를 누릴 수 없다. 민사재판 결과 예외적으로 외교관에 대한 강제집행을 행하는 경우에도 외교협약 제31조제3항에 따라 외교관의 신체 또는 주택의 불가침을 해하지 않을 것을 조건으로 허용된다.

그러나 최근에는 교통법규 위반에 대한 외교관의 특권, 면제의 주장을 제한하려는 움직임이 있는 것은 주목할 필요가 있다. 또한 영사에 관하여는 영사협약 제43조가 규율하고 있는데, 외교면제와 상당한 차이점이 있다. 위의 조항에 따르면 영사관원은 영사직무의 수행 중에 행한 행위에 대하여 접수국의 사법 또는 행정당국의 관할권에 복종할 의무를 지니지 않지만, 접수국 내의 차량사고 등으로부터 발생하는 손해에 대하여 제3자가 제기하는 민사소송에 관하여는 영사는 접수국의 관할권에 복종해야 한다.

교통사고에 대해서 각국은 지침을 마련하여 외교면제 또는 영사면제에 대해서 대응하고 있다. 미국의 경우엔 교통법규 위반 처리 시, 외국인과 외교관간 차별을 두고 있지 않지만, 외교관의 경우 외교협약에 따라 체포나 구금을 하지 않고 벌금 납부를 강제집행하지 않고 있다.

이러한 기본 입장에 따라 미국의 일선 경찰들은 외교관의 교통법규 위반이 적발될 시 일차적으로 일반인과 똑같이 무차별 단속하고 있으며 단속결과(벌금과정. 법정출두)를 이행할 것을 요구한다. 이것이 외교특권으로 인하여 집행되지 않을 경우에 이차적으로 국무부가 해당 외교관의 '차량운전특권'을 정지하거나, 제한하는 권한을 행사하고 있다. 음주운전 측정 요구 시 외교관은 이에 응하여야 한다고 이해되지만, 음주 여부 측정 거부에 대하여 체포하거나 물리적으로 강제할 수는 없음을 명시하고 있기도 하다.

뉴질랜드에서는 음주운전 단속의 경우 단계별로 대처한다. 1단계엔 경찰관이 검문지점에서 전자탐지기를 사용하여 운전자의 음주운전 여부 측정 후, 음주로 판단되는 경우에 호흡검사 또는 혈액검사를 시행한다. 외교관이 자신의 특권 및 면제를 포기하고 동 검사에 응할 시는 일반 시민과 다름없는 교통법규 위반 제재조치를 받게 된다.

2단계는 외교협약 제29조에 따라 외교관 특권을 주장함으로써 상기 전자탐지, 호흡검사 내지 혈액검사 등에 응하지 않지만 계속 운전할 수 없다고 판단되는 경우, 또는 전자탐지에 응한 후 음주로 판단되었는데 외교특권을 주장하면서 호흡검사 내지 혈액검사에 응하지 않을 경우에 외교관 자택까지 경찰관이 대리 운전을 하거나 택시 사용을 권유하거나(경찰관이 택시를 호출함), 적절한 장소까지 경찰관과 동행 후 귀가 조치하는 단계를 밟는다.

주의할 점은 1, 2단계의 경우 외교관의 행동이 외무성에 보고되며 , 2단계의 경우에는 음주운전을 했다고 믿을 상당한 이유가 있다면 해당 공관장에게 문제를 제기할 수 있다.

3단계는 음주로 판명되었으나, 외교관 특권을 주장하여 상기 2단계의 여러 조치를 거부하며 계속 운전을 시도하는 경우에는 적절한 범위 내에서 신체적 부자유 등 강제조치를 행할 수 있다.

마지막 단계로 3단계의 신체적 부자유 등 강제조치를 외교관의 특권 및 면제를 주장하며 거부할 경우에 경찰관은 이와 같은 사실을 외무성에 보고하며 외무성은 상황의 심각성에 따라 해당 외교단에 통보 또는 경고조치하게 된다. 이 경우 사안의 심각성에 따라 해당 외교관의 본국 송환조치를 요구할 수도 있다.

페르소나 논 그라타(Persona non grata)란 무엇인가?

'페르소나 논 그라타'의 본래 의미는 '호감이 가지 않는 인물'이라는 뜻인데 외교관계에 있어서 싫은 외교관을 받지 않겠다는 의사표시다. 따라서 외교관의 접수국은 파견국에 대해 그 외교관이 '페르소나 논 그라타'라고 통고할 수 있는데, 이와 같은 통고는 파견국에 그 자를 소환 또는 사절단으로부터 그 자의 임무를 종료하도록 할 의무를 발생시키고, 파견국이 그 의무의 이행을 거부한 경우 또는 상당한 기간 내에 이를 이행하지 않는 경우에 접수국은 그 자를 사절단의 구성원으로 인정할 것을 거부할 수 있다는 법적 효과를 갖는다.

페르소나 논 그라타의 통고는 영사관에 대해서도 실행할 수 있다.

또한 외교관이 아닌 외교사절단의 직원 및 영사관이 아닌 영사기관의 직원에 대해서는 접수 곤란한 자라는 것을 통지할 수 있는데 그 법적 효과는 모두 외교관에 대한 '페르소나 논 그라타' 통고의 경우와 거의 동일하다.

이들의 통고는 언제라도 실행할 수 있으며 대상자가 접수국의 영토에 도착하기 전에 또는 영사기관의 구성원인 경우에는 접수국에 있어서 영사임무를 개시하기 전에 선언할 수도 있다. '페르소나 논 그라타' 또는 '접수 곤란한 자'의 통고에 있어서 접수국은 이유를 제시할 필요는 없다(외교관계에 관한 비엔나협약 제9조, 영사관계에 관한 비엔나협약 제23조 참조).

이와 같은 '호감이 가지 않는' 외교관에 대해서 접수국이 파견국에 그의 소환을 요구하는 관행은 19세기까지 일반적이었지만 그 때 접수국은 그 이유를 제시할 필요가 있는지, 파견국이 이유를 가지고 논의하거나 소환요구를 거부할 수 있는지에 대해서는 20세기 전반까지 논란이 많았다.

그러나 오늘날에는 '페르소나 논 그라타' 또는 '접수 곤란한 자'에 관한 외교관계 및 영사관계의 양 비엔나협약의 규정은 그 이유를 설명할 필요가 없다고 규정하여 이미 국제관습법으로서 확립된 규칙이라 할 수 있다.

외교관 가족

외교협약 제37조제1항에 따라 외교관의 세대를 구성하는 그의
가족은 접수국의 국민이 아닌 경우에 제29조에서 제36조까지
명시된 특권과 면제를 향유한다.

우리나라에서 외교관의 가족은 다음과 같이 정의한다.

- 법적 혼인관계의 배우자
- 만 19세 미만의 미혼 동거 자녀
- 만 19세 이상 26세 이하의 미혼 동거 자녀로 대한민국 내
  정규 교육기관에 full-time으로 재학 중인 자
- 본인 또는 배우자의 60세 이상의 부모로서 소득 활동에
  종사하지 않고 대한민국 국적을 갖지 아니한 자
- 정신적·육체적 장애로 인하여 부모에게 의존하여 동거하는
  만 19세 이상의 미혼 동거 자녀

이 범위에 해당하는 외교관의 가족은 신체의 불가침, 주거의
불가침, 형사재판관할권으로부터 면제, 원칙적으로
민사재판관할권으로부터 면제(단 접수국 내 직업적 또는 상업적
활동에 관한 소송에서는 면제되지 못함), 조세 및 관세의 면제,
사회보장 규정으로부터 면제된다.

세대를 구성하는 가족에 대해서는 접수국 국내법에 의해서
결정되는 것이 추세이나 이러한 점은 국제법상 강제되는 것은
아니다. 예를 들면 일부다처제 국가의 외교관일 경우에 미국은
일부일처제를 채택하고 있지만 파견국 외교관의 다수 아내를
외교관의 세대를 구성하는 가족으로 인정하고 있다.

대한민국의 주한 외국공관원 가족에게 우리나라 정부가
제공하는 체류 자격 외의 활동은 다음과 같다.

〈취업 활동〉

대한민국 정부는 사안별로 관련 국내 규정에 따라 공관원
가족의 취업을 허락한다. 또 공관원 가족의 취업허가는 상호주의
원칙이 적용된다.

허가직종은 문화예술, 종교 활동, 교육 활동, 외국어 강사, 연구
조사, 예술 공연, 특별직업 등이다.

허가 신청 절차는 공관이 공한과 함께 아래 서류를 첨부하여
외교부에 체류자격 외 활동허가를 신청하면 외교부가
출입국관련사무소에 이를 추천하는 절차이다.

- 체류자격 외 활동허가 신청서(출입국관리사무소에 양식 비치)
- 취업 희망자의 이력서
- 취업 희망자와 배우자의 여권사본(사진, 개인 인적사항,
  사증확인 가능한 것)
- 취업 희망자의 외교부 발행 신분증 사본
- 고용계약서(직책 및 급여, 고용계약기간, 근무 조건 등 명시)
- 건강증명서, 범죄사실증명서, 졸업 관련 증명서(외국어 강사,
  체류자격 E2에 해당하는 경우)

※ 국제기구에 근무 중인 직원의 배우자 및 미성년 자녀에 대한
   취업허가에 대해서는 출입국 사무소를 직접 접촉하여야 한다.
   (외교부의 추천이 필요하지 않다)

취업 활동의 허가 기간은 1년 이내로 하되, 허가 기간 만료 시
연장할 수 있다.

그러나 공관원 가족의 취업 활동에 의한 소득은 대한민국
정부의 조세, 기타 부과금으로부터 면제되지 아니한다.

〈자녀 교육〉

대한민국에서 활동하는 외국공관원들의 자녀 교육은 어떻게 보장되고 있을까.

국내학교의 경우 주한 공관원 또는 그 가족이 국내 교육기관에서 취학하고자 하는 경우 별도의 체류자격 외 활동허가를 받지 않고 입학하여 학위를 취득할 수 있다.

또 고등학교 이하의 교육기관에 취학하고자 하는 경우 당해 교육기관을 관할하는 교육청에 직접 신청하여야 하며, 대학교 이상의 교육기관에 취학하고자 하는 경우 당해 대학 당국에 직접 신청하여야 한다.

만약 외국인학교라면, 주한 공관원 가족은 한국에 소재하고 있는 외국인을 위한 유치원, 초등학교, 중학교 및 고등학교에 취학할 수 있으며, 취학하고자 하는 경우 직접 당해 학교에 신청해야 한다.

다시 한 번 더 강조하지만, 외교관에게 위와 같은 특권 및 면책권, 또 활동을 보장해주는 까닭은 외교관이 다른 직업군에 비해 고귀하고 훌륭한 직업이라서가 아니다. 지구를 구하는 슈퍼맨에게 '큰 힘에는 큰 책임이 따른다.'고 말하는 영화 속 명대사처럼 국가를 대표하는 자격인으로서 국가의 이익과 국민의 안전, 또 자국의 품격을 위해 일할 수 있도록 국가의 최소한의 편의를 제공하는 것으로 인식하고 이를 자부심이 아닌 큰 책임으로 느낄 수 있어야 할 것이다.

외교관을 꿈꾸는 청소년이라면 모름지기 이를 명심하고 누릴 수 있는 권리 보다는 의무와 책임을 한 번 더 고심해볼 수 있길 바란다.

특권과 면제의 포기

외교협약 제32조에 따라 파견국은 외교관 및 제37조에 따라 면제를 향유하는 자(외교관 가족, 사무기술 직원과 그 가족, 서비스 직원, 외교신서사)에 대한 접수국의 재판관할권 면제를 포기할 수 있다.

단, 재판관할권의 면제 포기는 언제나 명시적으로 행해져야 한다. 외교관의 특권 및 면제가 포기될 수 있는 이유는 외교관의 특권 및 면제의 성격에서 찾을 수 있다. 외교관의 특권 및 면제는 개인으로서의 외교관의 보호 측변이 있지만, 어디까지나 이것은 외교관 개인에게 부여된 것이 아니라. 그 '국가를 대표'한 외교관에게 부여된 것이므로 파견국은 자국 외교관에 대한 접수국의 재판관할권 면제의 특권을 포기할 수 있는 것이다.

따라서 외교관의 특권 및 면제의 포기 여부는 개인으로서 외교관이 아니라 파견국 또는 본국이 결정하는 사항이며 외교관 개인의 권리는 아니다. 따라서 만일 외교관이 개인적으로 외교 특권 및 면제를 포기했다면 이는 인정되지 아니한다.

우리나라의 경우 외교면제의 포기는 반드시 본부에 청훈해야 하고, 해외공관장이 임의로 포기 여부를 결정하도록 위임되어 있지 않다.

또한 외교협약 제32조제4항에 따라 민사 또는 행정소송에 관한 재판관할권으로부터 면제의 포기는 동 판결의 집행에 관한 면제의 포기까지 포함하지는 않는다. 판결의 집행으로부터의 면제를 포기하기 위해서는 별도의 포기가 요구된다.

Part Two
Who&What Ⅰ

　사람들이 많이 모이는 공간을 생각해보자. 혼잡한 도심 속에
마구 클락션을 울리는 자동차가 있는가 하면 보행자를 배려하고
정차선을 잘 지키는 차량도 있다. 다른 사람을 위해 기꺼이 자기
자신을 희생하는 이들도 있지만, 반대로 나만의 이익을 생각하는
사람들도 부지기수다. 서로가 누리고 싶은 이익과 가치, 예를
들어 도심 속 도로를 생각해보면 차량이 달릴 수 있는 도로의
개수와 폭은 한정되어 있는데, 그것을 누리고 싶은 사람의 수가
많아지면 어떻게 될까.

　경쟁할 수밖에 없을 것이다.

　이익을 추구하는 대상과 또 다른 대상이 만나면 당연하게도
혼돈과 충돌이 생기기 마련이다. 때로 대화만으로는 문제가

▲ 아랍에미리트에 방문하는 한국 외교단을 의전하는 모습

해결되지 않는 경우도 있다. 그렇다고 해서 힘으로만 해결한다고
하거나, 가장 고집스러운 대상의 말을 들어줄 수만도 없다.

　그럼에도 불구하고 일이 뜻대로 되지 않으면 우선 목소리부터
커지는 사람들이 있는 것처럼 국가와 국가 사이에서도 법과
규칙을 무시할 수 있는 힘이란 항상 존재하는 법이다.

　특별한 예를 들지 않더라도 오래 전 역사 속 국가 간의 전쟁을
떠올려보면 이와 같은 현상은 쉽게 이해가 된다. 오래 전에는
땅이 넓거나 국민이 많은 것이 한 국가의 힘을 결정짓는 중요한
요소였다. 때문에 다른 나라의 땅을 빼앗고, 그 나라 국민들을
지배하기 위한 전쟁을 일으키는 일이 많았던 것이다.

　그러나 오늘날에는 더 이상 국토의 크기나, 인구수가 많은 것
자체만을 국력으로 여기지 않는다. 경제력과 과학 기술, 문화의
수준, 복지 수준 등 국가의 힘을 가늠하는 좌표는 좀 더
다양해지고 품위 있어졌다고 볼 수 있다.

　따라서 오늘날에는 더 이상 전쟁만으로 국가 간의 문제를
해결하려고 하지 않는다. 오로지 정치적 영향력을 통해 공정하고
투명하게 다른 나라에 자국의 입장을 전달하고, 막강한 경제력을

통해 자국의 이익을 도모하고자 하는 것이다.

즉, 더 이상 국가 간의 힘겨루기는 물리적 침해가 아닌 정신적 교류이자 '지혜로운 경쟁'으로 나가고 있다. 현명한 처사가 곧 국가를 움직이는 힘이 되는 것이다.

바로 이러한 국가 간의 경쟁원칙에 따라 국가의 이익과 가치를 몸소 실현하고, 업무로 처리하는 사람이 외교관이다. 따라서 외교관은 힘의 대결이 아닌 세계 평화와 공존 속에서 자기 나라를 위해, 나아가서는 전체 인류 사회의 발전을 위해 노력해야하는 커다란 사명을 지닌 직업이라고 할 수 있다.

물론 이렇게만 이야기해서는 구체적으로 외교관의 업무가 무엇인지 감이 오지 않을 수도 있다. 그러면 예를 들어 살펴보자.

80년대에 옛 소련(현재의 러시아) 바다 근처에서 우리나라의 어선이 소련의 군함에 잡혀간 일이 있었다. 당시에 우리 정부는 소련과 공식적인 외교를 나누고 있지 않는 상태였다. 따라서 직접 정부가 교섭할 수 없었다. 때문에 안타깝게도 우리 정부는 일본을 통해 대한민국의 국민인 어부들의 안전을 도모하고, 이들을 무사히 한국으로 송환할 수 있도록 교섭을 벌여야 했다.

80년대만 해도 이런 일은 멀리 바다로 고기를 잡으러 나가는 어업인들에게 종종 발생하는 일이었다. 1989년 12월 서해안에서 조업을 하던 중국 어선과 우리나라 어선 사이에서 발생한 사고도 비슷한 경우였다.

당시 한국과 중국은 공식적인 외교관계에 놓여 있지 않았기 때문에 법적, 정치적 효력을 갖는 외교 행위가 이루어지지 못했다.

이 사고 처리를 위해 피해 보상과 피해액을 계산하는 일은 결국 한국과 중국의 정부가 직접 나서지 못한 채 민간단체의 합의를 통해 이루어져야 했다.(한국 측은 수산업협동조합 중앙회, 중국 측은 동황해 어업협회 관계자)

그러나 본래 이러한 외교적 활동은 반드시 정부가 나서서 정부

차원의 신속한 처리를 하는 것이 외교의 원칙이다. 그래야 국가
간의 합의가 국제적, 법적 효력을 가지고 외교의 의미를 지닐 수
있기 때문이다. 민간단체를 통해서만 합의가 이루어질 경우
나중에 한 쪽 국가에서 약속을 지키지 않거나 입장을 번복할 때,
분쟁을 해결할 어떤 기준도 마련되어 있지 않기 때문이다. 따라서
국가와 국가 사이의 약속일 때에만 국제법적 효력을 지닌
외교활동이라고 할 수 있다.

이와 같이 나라 사이에 수교를 맺고 있느냐, 아니냐는 무척
중요한 문제다. 서로 다른 국가와 좋은 관계를 유지하고 있다면,
외교활동 역시 양국에 유리하게 적용될 확률이 높아진다.

오래 전에는 왕권 국가, 즉 왕이 나라를 다스리는 통치가
가능했기 때문에 왕족의 가족들을 서로 결혼시켜 국가 간의
원만한 관계를 이어가기도 했지만 오늘날에는 선거를 통해
나라의 통치자를 몇 년에 한 번씩 뽑기 때문에 합리적인 국제법적
절차에 따라 서로 좋은 관계를 유지할 수 있는 수교 활동이
반드시 필요하다고 볼 수 있다.

우리나라와 외교 관계를 맺고 있는 국가를 주요 무대로
외교관들은 활동을 펼치게 되는데, 현재까지 우리나라와 수교를
맺고 있는 국가의 현황은 다음과 같다.

〈남 · 북한 수교 현황 (2021년 기준)〉

지역	한국	북한	동시 수교
아주(아시아)	37개국	25개국	25개국
미주(아메리카)	34개국	24개국	23개국
구주(유럽)	54개국	49개국	49개국
중동	18개국	16개국	14개국
아프리카	48개국	46개국	46개국
계	191개국	160개국	157개국

〈남 · 북한 동시 수교국 (2021년 기준)〉

지역	구분
아주 (아시아)	나우루, 네팔, 뉴질랜드, 동티모르, 라오스, 몰디브, 몽골, 미얀마, 바누아투, 방글라데시, 베트남, 브루나이, 스리랑카, 싱가포르, 아프가니스탄, 인도, 인도네시아, 중국, 캄보디아, 태국, 파키스탄, 파푸아뉴기니, 피지, 필리핀, 호주
미주 (아메리카)	가이아나, 과테말라, 그레나다, 니카라과, 도미니카(공), 도미니카(연), 멕시코, 바베이도스, 바하마, 베네수엘라, 벨리즈, 브라질, 세인트루시아, 세인트빈센트그레나딘, 세인트키츠네비스, 수리남, 앤티가바부다, 자메이카, 칠레, 캐나다, 콜롬비아, 트리니다드토바고, 페루
구주 (유럽)	그리스, 네덜란드, 노르웨이, 덴마크, 독일, 라트비아, 러시아, 루마니아, 룩셈부르크, 리투아니아, 리히텐슈타인, 몬테네그로, 몰도바, 몰타, 벨기에, 벨라루스, 보스니아헤르체고비나, 북마케도니아, 불가리아, 사이프러스, 산마리노, 세르비아, 스웨덴, 스위스, 스페인, 슬로바키아, 슬로베니아, 아르메니아, 아이슬란드, 아일랜드, 아제르바이잔, 알바니아, 영국, 오스트리아, 우즈베키스탄, 우크라이나, 이탈리아, 조지아, 체코, 카자흐스탄, 크로아티아, 키르기스스탄, 타지키스탄, 터키, 투르크메니스탄, 포르투갈, 폴란드, 핀란드, 헝가리
중동	레바논, 리비아, 모로코, 모리타니아, 바레인, 아랍에미리트, 알제리, 예멘, 오만, 이란, 이집트, 카타르, 쿠웨이트, 튀니지
아프리카	가나, 가봉, 감비아, 기니, 기니비사우, 나미비아, 나이지리아, 남수단, 남아프리카공화국, 니제르, 라이베리아, 레소토, 르완다, 마다가스카르, 말라위, 말리, 모리셔스, 모잠비크, 베냉, 부룬디, 부르키나파소, 상투메프린시페, 세네갈, 세이셸, 소말리아, 수단, 시에라리온, 앙골라, 에리트레아, 에티오피아, 우간다, 잠비아, 적도기니, 중앙아프리카공화국, 지부티, 짐바브웨, 차드, 카메룬, 카보베르데, 케냐, 코모로, 코트디부아르, 콩고, 콩고민주공화국, 탄자니아, 토고

지역별 우리나라 재외공관 현황(2021년 기준 총 167개국)

⟨아주지역(아시아)⟩
- 대사관 : 네팔, 뉴질랜드, 동티모르, 라오스, 말레이시아, 몽골, 미얀마, 방글라데시, 베트남, 브루나이, 스리랑카, 싱가포르, 아프가니스탄, 인도, 인도네시아, 일본, 중국, 캄보디아, 태국, 파키스탄, 파푸아뉴기니, 피지, 필리핀, 호주 (24)

- 총영사관 : 고베, 광저우, 나고야, 니가타, 다낭, 뭄바이, 삿포로, 상하이, 선양, 센다이, 시드니, 시안, 오사카, 요코하마, 우한, 청두, 첸나이, 칭다오, 호치민, 홍콩, 후쿠오카, 히로시마 (22)

- 대표부 : 아세안 (1)

⟨미주지역⟩
- 대사관 : 과테말라, 니카라과, 도미니카공화국, 멕시코, 미국, 베네수엘라, 볼리비아, 브라질, 아르헨티나, 에콰도르, 엘살바도르, 온두라스, 우루과이, 칠레, 캐나다, 코스타리카, 콜롬비아, 트리니다드토바고, 파나마, 파라과이, 페루 (21)

- 총영사관 : 뉴욕, 로스앤젤레스, 몬트리올, 밴쿠버, 보스턴, 상파울루, 샌프란시스코, 시애틀, 시카고, 애틀랜타, 토론토, 호놀룰루, 휴스턴 (13)

- 대표부 : 유엔 (1)

〈유럽지역(구주)〉

- ■ 대사관 : 교황청, 그리스, 네덜란드, 노르웨이, 덴마크, 독일, 라트비아, 러시아, 루마니아, 벨기에, 벨라루스, 불가리아, 세르비아, 스웨덴, 스위스, 스페인, 슬로바키아, 아일랜드, 아제르바이잔, 영국, 오스트리아, 우즈베키스탄, 우크라이나, 이탈리아, 체코, 카자흐스탄, 타지키스탄, 크로아티아, 키르기스스탄, 터키, 투르크메니스탄, 포르투갈, 폴란드, 프랑스, 핀란드, 헝가리 (36)

- ■ 총영사관 : 밀라노, 바르셀로나, 블라디보스톡, 상트페테르부르크, 알마티, 이르쿠츠크, 이스탄불, 프랑크푸르트, 함부르크 (9)

- ■ 대표부 : 제네바, OECD(파리), 유네스코 (3)

〈중동지역〉

- 대사관 : 레바논, 리비아, 모로코, 바레인, 사우디아라비아,
  아랍에미리트, 알제리, 예멘, 오만, 요르단, 이라크, 이란,
  이스라엘, 이집트, 카타르, 쿠웨이트, 튀니지 (17)

- 총영사관 : 두바이, 젯다 (2)

〈아프리카지역〉

- 대사관 : 가나, 가봉, 나이지리아, 남아프리카공화국, 르완다,
  마다가스카르, 모잠비크, 세네갈, 수단, 앙골라, 에티오피아,
  우간다, 짐바브웨, 카메룬, 케냐, 코트디부아르,
  콩고민주공화국, 탄자니아 (18)

　오늘날에는 국가의 거의 모든 영역이 외교에 속한다고 해도
과언이 아니다. 외교는 자국 통치의 연장이라고도 할 만큼 외교
활동은 곧 자국민의 삶의 여건은 물론 안전, 생활, 경제와
직결된다고 볼 수 있다. 때문에 외교활동은 정무, 경제,
문화·홍보, 영사 등 다양한 영역에서 서로 긴밀히연결되어
있으면서 영향을 주고받게 된다.
　예를 들어 국가 간 활발한 교역은 평화와 안정에 도움이 되고,
문화·홍보 활동을 통해 국가 이미지를 좋게 만들면 우리 물건이
해외에서 더 잘 팔리게 되는 결과가 그러하다.

〈재외공관 현황 (2021년 기준)〉

지역	상주대사관	영사관	대표부	계
아주(아시아)	24개	22개	1개	47개
미주(아메리카)	21개	13개	1개	35개
구주(유럽)	36개	9개	3개	48개
중동	17개	2개	0개	19개
아프리카	18개	0개	0개	18개
계	116개	46개	5개	167개

02 다양한 외교 분야

평화를 위한 안보외교

　미국을 비롯한 주요 동맹국과 협력관계를 더욱 강화하고, 세계 모든 국가들과 우호협력 관계를 유지하는 한편, 북한 핵문제의 평화적 해결을 도모하고 한반도의 평화와 안전을 공고히 하기 위해 노력하는 모든 활동을 바로 '안보외교'라고 한다. 대한민국의 안보외교는 다음과 같은 기본적인 목적을 가지고 있다.

- 우리나라 안보외교정책의 기본 목표는 단기적으로는 주변 4국 등 우방국들의 지지를 바탕으로 대북 포용정책을 지속적으로 추진해 한반도를 평화롭게 하고, 중장기적으로는 남북한 평화통일에 유리한 안보환경을 조성하는 것이다.

■ 이를 위한 실천 방안으로 한·미 동맹관계의 기본적인
  정치적 흐름을 바탕으로 한·미·일의 공조를 통해 대북
  포괄적 접근을 시도하고 있다. 또한 중국과 러시아 등과도
  협력적 동반관계를 발전시켜 나가고 있다. 또한 ASEAN 및
  유럽 우방국들과도 제반분야에서의 실질적인 협력관계를
  확대해 나가고 있는 실정이다.

■ 위와 같은 활동과 함께 우리나라는 다자 차원에서 지역
  안보협력 논의에 적극 참여해 한반도 문제를 포함한 공동
  안보문제 해결을 위해 일정한 구역 안의 국가들과 협력하고
  있다. 해당 지역의 안보협력체들과 전통적인 정치·군사
  분야 안보문제 뿐만 아니라 오늘날의 새로운 안보위협인
  테러, 마약, 국제범죄, 환경 등과 같은 비전통적 분야의
  안보문제까지 협의해 나가고 있다.

■ 이와 같은 정부 간 다자 안보협력체로는 아시아, 태평양
  지역 내 아세안 지역안보포럼(ARF), 유럽지역 내 유럽
  안보협력기구(OSCE), 중앙아시아 내 아시아 교류 및
  신뢰구축회의(CICA) 등이 있으며, 비정부간 협의체로서는
  아·태지역 내 아·태 안보협력이사회(CSCAP), 동북아
  협력대화(NEACD) 등이 있다.

  위와 같은 기본적인 목적이 '국가 안보'라는 개념과 맞물려
있다면 오늘날에는 정치적 현황이나 전쟁, 테러가 아닌 보건과
환경과 관련된 문제 역시 안보의 차원에서 접근해 외교 활동을
펼치고 있다.
  특히 환경 안보의 문제는 우리나라만이 아닌, 전 세계적인
차원의 활동이 요구되는 외교 활동으로 간주되고 있다.
환경오염은 더 이상 생태계 파괴나, 동물 보호 문제의 차원으로

여겨지지 않는다. 물론 이 자체만으로도 인간 생활에 큰 위협이 되다는 것을 이미 수많은 학자와 환경론자들이 주장해왔지만, 이제는 일상생활에도 환경문제가 큰 타격을 주는 등 전 세계적으로 환경 문제를 안보 수준으로 적극 해결해야 한다는 목소리가 높아지고 있다. 환경 안보란 간단히 말해, 대기오염, 지구온난화, 생태계 파괴 등 환경 변화로 인한 재해 때문에 막대한 인적, 물적 피해는 물론 국가 기간망의 마비, 유실 등으로 이어져 국가 안보의 위협요인으로 작용되는 사태를 막는 것이다.

환경 안보에 대한 외교활동은 다음과 같이 나눠볼 수 있다.

먼저 동북아 지역의 환경 안보는 크게 대기오염과, 해양오염으로 나눠볼 수 있다.

환경 안보 활동 영역에 속하는 대기오염이란 황사와 산성비 문제이다. 황사는 중국의 급속한 경제개발 과정에서 발생하는 여러 가지 유해물질과 함께 이동, 인근 지역 산업 및 보건 상의 피해를 증가시키고 있어 적극적인 대처를 통해 위협요인을 차단하는 활동을 마련한다.

또 동북아 지역은 한국, 중국, 일본의 에너지 소비량 증대로 주요 산성비 피해지역으로 대두되면서 환경 안보가 더더욱 강조되고 있다.

해양오염은 서해와 동해의 오염 때문에 발생하는 여러 가지 환경 문제이다. 중국과 한국 양국의 연안 공업단지 조성, 해양 폐기물 투하 및 하천을 통한 육지 오염물질 유입 등으로 해안이 오염되어, 최근 해양 오염에 대한 안보 활동이 더더욱 강조 되고 있다.

또 반폐쇄성 해역인 서해의 구조적 특성과 함께 서해 연안 공업지대의 발달과 인구증가에 의한 육상 오염물질 배출량의 증가로 오염 가중되고 있는 것 역시 안보 활동의 중요성을 강조한다.

무엇보다 세계 유류의 26%가 이동되는 동북아 지역 해상에서의 선박사고에 의한 해양오염의 위험이 상존한다는 것이 해양 오염에 대한 안보 활동을 국가가 대비하고 있는 이유가 되고 있다.

그렇다면 이와 같은 환경안보의 문제들은 외교 활동으로 어떻게 해결할 수 있을까.

먼저 세계적 차원의 동시적인 노력으로 유엔인간환경회의(UNCHE), 유엔환경개발회의(UNCED), 유엔지속가능발전위원회(UNCSD) 등 위원회 발족 및 의제 채택을 통해 유엔차원의 노력이 선행되고 있다.

또한 기후변화협약 및 교토의정서 등 국제협약을 통한 지구환경 보존을 위한 법적 제도를 마련해 강국이 약소국에 환경오염을

통한 안보 위협을 가하지 않도록 조종하고 있다.

이러한 지역 내의 국가 상호간의 노력이 지속적으로 이루어지고 있는데 대표적인 것을 들자면 다음과 같은 것들이 있다.

북서태평양 보전실천계획(NOWPAP), 한·중·일 3국 환경장관회의, 한·중/한·일/한·러 환경 협력공동위원회, ASEAN 환경장관회의, ASEAN+3 환경장관회의 등을 통해 지역 환경문제에 대한 지역 내 공동 대처방안 모색 및 관련 활동기금을 마련하고 있다.

경제를 살리는 통상외교

잘사는 나라를 만드는 것은 외교의 기본이라고 할 수 있다.
그래서 자기 나라 국민의 경제 수준을 높이고, 활동을 장려하는
것도 국제 사회에서는 외교활동의 일부로 간주된다. 이를 흔히
통상외교, 또는 경제통상외교라고 칭한다. 가령 글로벌 FTA
네트워크를 구축하여 상호 무역·투자 활동을 촉진하고 우리
기업들의 원활한 해외 진출을 지원하거나, 에너지의 안정적
공급원을 확보하고 지구적인 기후변화에 적극 대응하기 위해
저탄소 녹색성장을 추진하는 등의 활동이 바로 그러한 것이다.

간단히 말해 통상외교란 '한 국가의 대외경제 정책과 관계되는
모든 외교 활동'이라 정의해볼 수 있다. 그러나 대외 경제정책 그
자체를 통상외교로 이해해 간주하기도 한다. 이와 관련된 통상
정책은 상품의 용역과 수출과 수입의 정도, 구성 및 방향에
영향을 주려고 의도된 국가에 의한 행동의 모든 것이라 할 수
있다.

제2차 세계 대전 후 세계 경제의 흐름은 미국의 주도하에
국제통화체제와 관세 및 무역에 관한 일반협정(GATT)에 기초해
자유무역체제라는 틀 안에서 급속한 성장을 이룩했다.

그러나 서구와 일본 경제의 고도성장으로 미국 경제의 절대적
우위가 1970년대부터 흔들리게 되었고, 동·서간의 긴장도
완화됨에 따라 동맹국간에도 군사·안보보다 경제적 실리를
추구하는 보호주의 정책을 취하게 되었다.

이런 맥락에서 나온 것이 닉슨 대통령의 신경제정책이었다.
미국은 1971년 이 정책을 통해 달러화의 10퍼센트 평가 절하,

금태환 정지, 제품 수입에 대해 10퍼센트의 임시 과징금 부과
등의 조치들을 취했다.

이로써 그때까지 국제사회에 통용되었던 브레튼 우즈 체제와
GATT체제가 사실상 붕괴된 것이나 다름없었다. 사실, 1960년대
후반부터 세계 경제는 이미 보호 무역중심으로 전환하고
있었으나, 미국의 신경제정책과 함께 석유파동을 겪으면서
자원민족주의가 이런 추세를 더욱 가속화시켰다.

그 결과 각 국가는 실질적으로 보호무역정책을 취했고, 미국도
자유무역이 아닌 공정무역을 주장하게 되었다. 더욱이 1980년대
후반, 공산주의 체제의 붕괴에 따른 냉전 종식은 국제 사회에
정치이념보다 경제 실리가 더 지배적인 변수로 작용되게끔
만들었다.

이런 상황 속에서 지역 간의 경제 블록화 추세가 우루과이
라운드와 함께 세계 무역질서의 큰 흐름을 형성하게 되었다.

북미 자유무역협정의 체결, 아시아자유무역 창설 합의, EC
통합과 유럽경제지역의 결성 등이 이미 이루어졌고, 아·태
각료회의를 중심으로 환태평양 경제권 논의가 활발하게
추진되고 있으며, 중동·아프리카 등지에서도 블록화 추세가
나타나고 있다. 1986년 9월 시작된 우루과이 라운드 협상이
1993년 말에 타결되면서 새로운 경제 질서를 이끌어 갈
세계무역기구(WTO) 체제가 탄생하였다.

WTO의 근본 목적은 국제 경제 문제에 있어서 자유로운
질서의 유지에 있었다. 즉, 무역 분쟁의 조정, 관세 인하 및 개방

**브레튼 우즈 체제
(Bretton Woods
system)**

1944년 미국 뉴햄프셔 주
브레튼 우즈에서 44개국이
참가하여 열린 협정에 따라
만들어진 국제통화체제로
국제 통화 가치의 안정, 무
역 진흥, 개발도상국 지원
등을 주요 목적으로 삼았
다.

〈주요 내용〉

■ 미국 달러화를 기축 통
화로 하는 금환본위제도의
실시

■ 조정 가능한 고정 환율
제도의 실시

■ 국제통화기금과 세계부
흥개발은행 창설.

(브레튼 우즈 체제 붕괴 후
에 IMF는 새로운 국제통화
제도로 변화)

문제 등을 자유라는 가치적 질서 하에서 처리하고자 한 것이다.
이는 제2차 세계대전 이후 GATT의 발족이 개별 국가의
보호무역주의가 전쟁으로 이어졌다는 일종의 반성에서 비롯된
것처럼 WTO 역시 이런 정신을 이어받아 냉전 종식 이후 국가
간의 자유무역체제를 확고하게 구축하자는 취지에서 탄생된
것이다.

한국의 경제통상외교활동은 1950년대부터 눈에 띄게
활발하였다. 바로 한국 전쟁 복구를 위한 경제원조 획득에
치중되어 있었기 때문이다. 미국의 원조가 거의 전부였으므로
당연히 미국에 치우친 외교활동이었다.

당시 국가 예산의 80% 정도를 미국의 경제원조에 의존하고
있었으므로 대미 의존도는 아주 심각한 것이었다.

그러나 박정희 정부는 경제 성장에 최우선의 목표를 두고 수출
제일주의를 추구하면서 수출 시장 확보를 위한 대외 경제외교를
다각적으로 전개했다. 이후 우리나라 정부는 경제성장을 위한
대외 지향적 경제개발전략을 추구하면서 대외무역에 크게
의존하게 되었다.

그 결과, 수출과 수입이 현재는 국민 총생산의 3분의 2를 넘고
있는 상황이며 이에 맞추어 우리나라 통상외교정책은 수출 증대,
수입 규제 완화, 해외 시장 개척, 안정적인 원자재 공급원 확보,
경제·기술 협력 강화를 기본 목표로 하여 추진되고 있다.

먼저, 수출 증대를 이룩하기 위한 통상외교정책의 조치로서는
통상협정 체결, 경제관계협정 체결, 통상장관회담 개최, 무역실무
회담 및 쿼터 회담 개최, 국제 통상 회의 참석, 무역 사절 파견,
민간 경제협력위원회 개최, 국제박람회 및 전시회 개최 등 그
범위가 광범위하다. 이 정책적 조치들은 특히 수출 시장 기반을
확충하는 데 매우 중요한 역할을 한다.

또한 1980년대부터 정부는 외국의 농축산물 대량 구매나
원자력 발전소 등의 대형 구매 및 투자 산업 발주 시에 이를

▲ 해외에서 열리는 항공 전시회 모습

수출과 연계하여 추진하기도 했다.

특히, 일본과의 무역 역조를 시정하기 위해 시장 개방과 일반 특혜관세제도 공여 확대를 요청하였으며, 수출 촉진단의 파견, 수출 상품 전시회 및 상설 전시장 운영 등 시장 개척 활동을 강화하였고, 시장 다변화 조치를 취하기도 하였다.

해외 시장의 개척은 통상 확대와 자원 확보를 위해 추진되어야 할 통상 외교 정책의 필수적인 목표 중의 하나이다.

한국은 1950년대 후반에 해외시장 개척을 통상외교정책의 기본 목표로 설정하고, 이를 수행하기 위한 일련의 정책들을 취했다. 경제사절단과 무역사절단의 파견, 국제박람회 참가 및 전시회 개최, 해외 공관의 설치 및 상무관 주둔, 대한 무역 진흥공사(KOTRA)의 지사 설치 및 상설 무역관 운영 등이 그 대표적 예들이다. 그 외에도 정부는 통상협정이나 기타 경제관계협정을 당사국들과 체결함으로써 해외시장 개척을 위한 제반 조치들을 수행할 수 있도록 했고, 교역 상대국의 경제사절단이나 무역사절단을 초청하기도 했다.

1970년대부터 정부는 해외 세일즈 활동 강화를 위한 정책적

노력들을 집중시켰다. 특히 1980년대에는 전략시장 진출에
중점을 두고, 시장 개척이 부진한 지역이나 수출 시장으로서의
잠재력이 큰 지역에 대해서는 대한무역진흥공사의 활동을
강화시켰다. 원자재 공급원의 확보는 수출 상품 및 내수 상품
생산을 위해 필수적이다. 원자재가 안정적으로 공급되어야 국내
산업이 가동될 수 있고, 고용이 유지될 수 있으며, 국민경제가
정상적으로 운용될 수 있기 때문이다. 대부분의 나라가 자원을
수입하지만, 한국의 자원 해외의존도는 특히 높다.

1970년대에 두 차례의 석유 파동을 경험하고, 개발도상국들이
자국의 모든 생산요소를 무기화함에 따라 우리나라 정부도 이에
대처하기 위한 자원확보외교를 본격적으로 추진하였다.

이와 같은 경제외교의 역사를 거쳐 오늘날 모든 나라는 외국과
경제협력 및 기술협력을 강화하고 있다.

우리나라는 미국·일본·독일·프랑스·영국 등 선진국들로부터
중화학 공업 건설, 에너지 및 자원 개발, 인력 개발 등 산업화에
필요한 기술들을 도입하고, 각종 경제협력계획을 통한 자본
유치로 고도 산업화 정책을 성공시킬 수 있었다.

다른 한편으로 아시아·아프리카·라틴 아메리카의
개발도상국들에게 각종 기술들을 제공하며 협력을 확대해 왔고,
최근에 와서는 사회주의 국가들과도 경제·기술 협력을 강화해
가고 있다.

국가의 위상을 높이는 기여외교와 문화외교

공적개발원조(ODA)와 유엔평화유지군활동(PKO)을 통해
국제사회에 기여한다. 또한 우리 문화를 세계에 알리고, 다른
나라의 다양한 문화를 국내에 소개하는 쌍방향 문화외교도
전개하고 있다.

사실 문화외교는 경제 수준이 곧 한 나라의 국력을 강화하는
척도였던 지난 세기를 지나, 좀 더 품격 있고 고차원적인
국가로서 발돋움하는 데 반드시 필요한 역량임을 깨닫기
시작하면서 이루어진 최근 외교활동 동향이다.

즉 1980년대와 1990년대의 외교는 정무, 안보, 경제 통상이
주축을 이루었다면 2000년대에 이르러서는 부드러운 권력으로
일컬어지는 소프트 파워의 시대로 세계의 중심이 변화하고
있다는 것을 세계 각국이 깨닫고 있는 것이다. 전통적인
외교활동의 기반 위에 문화와 공공기여를 구축하는 새로운
외교의 축이 대두된 것이다.

그렇다면 정확하게 문화외교란 무엇일까.

문화외교의 수단적 측면만을 본다면, 문화외교는 '문화'를
수단으로 하는 외교활동을 의미한다. 그러나, 문화외교의
궁극적인 목표가 타국 및 국제무대에서 '자국의 영향력을
증대하는 것'이라는 목적의 관점에서 봤을 때 문화외교는
공공외교와 일맥상통한다고 볼 수 있다.

다시 말해 문화외교는 타국 국민에게 자국에 대한 친밀감을
높이고 더 나아가 상대국 내 자국 국가브랜드를 제고하는 등의
영향력을 증대시키기 위한 외교 활동이라는 점에서 공공외교와
유사한 개념으로 볼 수도 있는 것이다.

이와 같은 맥락에서 문화외교는 전통적 외교를 보완, 지원하는
개념이 아닌, 외교력을 구성하는 새로운 축이 되었다.

이러한 문화외교는 기존의 전통적인 외교활동과 다음 표와
같이 구별할 수 있다.

〈전통외교와 문화외교의 차이점〉

구분	주체	대상	수단
전통외교	정부	정부	군사력, 정치력
문화외교	정부를 비롯한 국제기구, NGO 포함	공공외교의 공공이란, 비정부차원의 대중과 단체를 포함한다. 따라서 정부를 비롯한 국제기구, NGO 포함	강제나, 보상이 아닌 사람의 마음을 사로잡아 원하는 것을 얻어내고 장악하는 힘

그러나 이와 같은 문화외교가 홍보 활동과는 다르다는 것을 기억해야 한다. 물론 국가의 브랜드 가치를 높이는 활동이 이 외교활동에 포함되지만, 이것은 기업이나 행사 등의 일반적인 홍보 활동의 차원으로 이해되어서는 안 된다.

물론 지금까지 국내에서 통용 되어온 '문화외교'의 개념은 그 대상을 국내적으로 협소하게 한정해 왔다. 흔히 문화외교를 국내 언론 또는 자국민을 대상으로 한 홍보활동의 연장선상에서 이해하고 있는 사람들도 많았다. 그러나 문화외교는 자국민이나 국내 언론에 대한 홍보에 한정되는 좁은 의미의 개념은 아니다. 문화외교는 자국민이나 언론을 넘어서서 보다 광범위한 타국 국민, 정부, NGO 등을 대상으로 자국을 알리고 국가브랜드와 국격을 제고하는 활동으로 보아야 옳다.

그렇다면 외교관은 구체적으로 어떤 문화외교 활동을 하게 될까.

우선 문화외교의 구성요소를 크게 문화, 체육, 관광, 교육으로 나누어 생각해보는 것이 쉬울 것이다.

- 문화란 국가 간의 문화협정, 문화공동위원회 운영, 유네스코 활동, 문화행사 및 공연단 파견 등의 업무가 포함된다.
- 체육이란, 주요 국제대회 유치, 한국의 경우 태권도 시범단 파견 등의 업무도 문화 외교활동에 포함된다.
- 관광이란, 국가 간의 관광협력협정을 체결하거나, 세계관광기구 활동과 관련된 업무 지원이다.
- 교육이란, 해외에서 한국학, 한국어 진흥 사업 및 교육, 정부 초청 및 장학생 사업 등을 진행할 때 필요한 업무를 포함한다.

이와 같은 네 가지 업무를 국내와 해외의 외교관과 공무원들이 나누어 부서별로 처리하는 것이 바로 문화외교라 할 수 있다. 국내 기관으로는 우선 외교통상부 문화외교국을 중심으로 문화체육관광부, 교육기술과학부 등 중앙부처 외에, 한국국제교류재단, 해외문화홍보원, 한국문화예술진흥원 등 정부 산하기관에서 문화외교를 담당한다.

이외에도, 각 지방자치단체 및 민간단체들도 각종 국제교류를 통해 문화 외교에 일조하고 있다.

해외 기관으로는 바로 전 세계에 분포되어 있는 167개의 재외공관 외교관들이다. 각 재외공관의 문화·홍보 담당 외교관이 문화외교 전반을 총괄하며 주재국 및 지역 특성에 맞는 문화외교 활동을 진행한다.

이외에도, 미국, 프랑스, 일본, 중국 등 주요 거점지역을 중심으로 분포되어 있는 12개의 문화원에서도 문화외교를 담당한다. 각 재외공관은 담당 지역 내 여러 문화외교 담당기관(문화원, 정부산하단체 주재관, 민간단체 등)과 연계하여 주재국 및 지역 내 맞춤 문화외교 수행을 담당하게 된다.

▲▼ K-POP 콘서트 및 한국 문화 행사 등 여러 국가에서 다양한 문화외교 활동을 한다.

© Yeongsik Im

해외 우리 국민의 안전과 권익을 보호 하는 영사활동

흔히 외교관을 떠올릴 때 가장 먼저 떠올리게 되는 이미지가
바로 이 영사활동일 것이다. 해외에 주재하면서, 자국민을
보호하고 여행객들의 안전을 도모하는 역할이 바로 재외공관
외교관들의 주요 업무이다.

즉, 여행경보제도, 해외안전여행 홈페이지, 영사 콜센터 운영
등을 통해 우리 국민의 안전한 해외여행을 도모하는 활동은
물론이고 재외동포들의 권익신장을 위해 노력하는 것도
재외공관 직원들의 업무이며 외교활동이다.

정부 수립 후 초창기 외무부 내의 영사업무 기관은 아주국의
교민과와 의전실 여권과였는데, 교민과는 재일동포의 보호와
지원이 주 업무였고 여권과는 여권의 발급과 사증업무를
담당하였고 일반 영사업무는 각 국별로 분장되어 있었다. 그 후
1960년대에 들어와 재외국민의 급증과 이들의 거주국 다변화로
1970년 8월 영사국을 신설하고, 아주국의 교민과를
재외국민과로 개편하고 의전장실의 여권과를 영사국으로
이관하였다. 동시에 영사과를 신설하여 이민·해외 취업에 관한
업무를 관장하도록 기구를 독립·강화시켰다.

영사국은 다시 1977년 7월 14일 대통령령 8624호로
영사교민국으로 개칭·정비되어 재외 국민의 보호·육성,
호적·국적·병적 관리, 각종 심판 서류의 송달,
항공기·선박·선원들의 사고·실종 등 모든 영사 업무를 담당하게
되었다.

1984년부터는 보건사회부로부터 해외 이주업무를 인수하여,
건전한 이주 풍토의 조성, 이주자의 사후 관리 등 추가업무를
담당할 해외이주과를 영사교민국 내에 신설하였다. 여권업무도
1, 2과로 분리, 대민업무를 원활하게 하기 위하여 별도의 청사로
자리를 넓혔다.

1990년대에 들어와서는 일반 여권의 발급 업무가 시·도에
위임되고 정부기구가 조정되는 과정에서 영사교민국이

재외국민영사국으로 개칭되었으며, 여권 1, 2과는 여권과로, 재외국민과와 해외이주과는 재외국민이주과로 통합·정비되었다. 따라서 영사업무 기구는 1998년 2월 28일 대통령령 15710호에 의거 재외국민영사국 아래 재외국민이주과, 영사과, 여권과 등 3개과로 되었다.

2000년대 들어 한국 국민들의 활발한 해외 진출과 함께 영사업무의 중요도가 높아졌고, 이러한 추세를 반영하여 2005년 12월 재외국민영사국을 재외동포영사국으로, 재외국민이주과를 재외동포정책과로, 영사과는 영사서비스과와 재외국민보호과로 확대 개편하였다.

아울러 정부는 해외 동포가 밀집 거주하고 있는 지역과 한국과의 통상관계가 긴밀한 우방국의 여러 도시에 연차적으로 영사망을 확대하고 순회영사 활동을 강화하면서 명예총영사를 임명해 갔다.

한국의 국력이 신장되고 교역 규모가 커지면서 주한 명예영사의 수도 증가하고 있다. 현재 정부는 국내 유력 인사 중에서 97개국의 명예영사 117명을 인가하고 있으며, 한국 공관이 설치되어 있지 않은 지역의 외국인 유력 인사를 명예(총)영사로 임명(93개국 139명)하여 정부의 통상·영사 업무의 일부를 위임하여 처리하도록 하고 있는데, 이들은 양국 간의 우의 증진과 통상관계 증진에 크게 이바지하고 있다.

우리나라와 외교 관계를 맺은 나라에서 외교관들이 공식적으로 일하는 곳을 '재외공관'이라고 한다. 재외공관은 대사관, 총영사관, 대표부로 나눌 수 있는데, 현재 115개 대사관과 46개 총영사관, 5개 대표부에서 1,200여 명의 우리나라 외교관들이 일하고 있다.

주재국 내 작은 한국이라 할 수 있는 재외공관에서는 우리 외교관들이 주재국 정세를 파악하여 본국에 보고하며, 특정 문제에 대해 주재국 정부에 우리나라의 입장을 밝히고 설득하는

▲ 외교관이 사용하는 여권

▲ 재외공관에서 업무를 보는 외교관의 모습

일을 한다. 또 국제회의에 참석하기도 하고, 현지에 진출한 우리
기업들의 활동을 지원하기 위해 주재국 정부와 교섭도 한다. 한편
주재국 국민들에게 우리 문화와 전통을 소개하고, 현지에 살고
있는 우리 국민들과 여행객들을 보호하는 일도 중요한 업무 중
하나라고 할 수 있다.

외교부와 재외공관(대사관, 총영사관)에서는 해외에서 불의의
사고나 범죄를 당하여 어려움에 처한 우리 국민을 보호하기 위해
항상 노력하고 있다.

하지만, 외국에서 우리 국민이 사건, 사고를 당할 경우, 해당
국가의 법률과 제도가 우선적으로 적용되는 것이 국제법상의
원칙이다. 따라서 외교관은 주재국의 법률과 제도에 대해서도 잘
알아야 한다.

이러한 원칙에 의해 재외공관은 해외에서 어려움에 처한 우리
국민을 지원하면서 국가 간 조약과 해당 국가의 법률 등을
준수해야할 의무를 지게 된다. 또한, 수익자 부담의 원칙과 국내
거주하는 국민이 일반적으로 우리 정부로부터 받는 혜택과의
형평성 등을 고려하여 재외국민이 스스로 또는 연고자의 도움을

받아 문제를 해결할 수 있는 경우에는 공관에서 도움을 줄 수 없다.

따라서 재외공관의 영사서비스 제공 범위에 한계가 있을 수밖에 없는 점을 이해한 뒤 해외여행 시 무엇보다 본인의 안전을 위해 만전을 기해야 한다.

정부 수립 후 국민의 해외여행은 건국 초기의 혼란, 어려운 외환 사정에다 한국 전쟁 등으로 오랫동안 제한적으로 이루어져 왔다. 이에 따라 국제 신분증인 여권의 발급 또한 공무, 상용, 문화, 기술 훈련 등의 목적에 한하여 관계부처의 엄격한 심사를 거쳐 발급된 것이 사실이다.

그러나 수출주도형 경제정책이 등장한 1960년대 이후 해외여행자 수가 증가하기 시작하였으며, 경제발전, 국제수지 흑자 및 그에 따른 국력 신장으로 해외여행 자유화 여건이 성숙하였다.

이에 따라 단계적인 정부의 개방 확대 조치가 취해져 1981년에는 해외여행 추천제를 원칙적으로 폐지하고 복수여권 발급 원칙을 도입하였다. 1987년에는 상용·문화여권의 신청 요건 완화, 관광 허가 연령의 확대가 이루어졌으며, 1988년에는 관광 연령의 40세 이상으로 확대, 부부 동반 동시 여행 제한 완화, 상용여권의 복수여권 발급 원칙이 이루어졌다.

나아가 1989년부터는 정부의 개방 의지에 따라 병역 미필자 등 해외여행 제한자를 제외하고는 해외여행의 전면적 자유화를 시행하고 있으며, 복수여권 발급, 여권 유효 기간의 상한 조정(3년에서 5년으로), 여행 목적의 기재 폐지 등이 단행되어 해외여행 자유화정책을 뒷받침하고 있다.

또한 1990년대에 들어와서는 국민의 기본권을 제약하는 귀국 서약제도를 폐지하고, 일반여권의 발급 업무를 서울시 25개 구청 및 각 광역시·도 지방자치 단체에서도 대행(2017년 기준 239개소)하도록 함으로써 국민의 편의 증진을 도모하고 있다.

이와 더불어 한국 여권의 대외 신뢰도를 제고하기 위해 여권의
보안성을 지속적으로 강화하여 왔으며, 특히 2008년 여권
위·변조 방지 기능을 극대화한 전자여권의 발급을 개시하였다.
이는 궁극적으로 한국 국민이 보다 편리하게 해외를 여행할 수
있도록 하기 위한 조치였다.

한국 국민의 해외 진출이 확대되면서 해외 사건·사고
발생건수도 증가 추세에 있으며 2008년 한해에만 5,200여 명의
재외국민이 폭행·절도·사기 등 각종 범죄에 연루되었다. 이와
같이, 재외국민보호 수요가 폭발적으로 증가함에 따라, 한국
국민의 안전한 해외여행과 체류를 위한 정부의 역할, 즉 외교관의
역할이 부각되고 있는 것이다.

외교통상부는 재외동포와 여행객에게 해외 안전 정보를
제공하기 위하여 1992년부터 여행국별 유의사항을 수록한 홍보
책자를 발간하고 있다. 또한 1990년대 말 인터넷이 보급되기
시작하자 2000년대 초 외교통상부 홈페이지에 '해외여행 유의
국가란'을 운용하였다. 또 2004년 12월에는 '해외안전여행
홈페이지(www.0404.go.kr)'가 개설되어 각국의 안전 정보를 보다
신속히 국민에게 전달할 수 있게 조치했다. 이와 같은 사건·사고
예방정책은 해외 체류 한국 국민의 생명·신체·재산보호에 크게
기여할 것이라는 기대를 안고 시작했다.

그렇다면 재외공관에서는 구체적으로 어떤 대응을 통해
자국민을 보호해줄 수 있을까. 바로 다음과 같은 상황에서
재외공관은 최선을 노력을 통해 자국민의 안전을 도모한다.

- 사건, 사고 발생 시 현지 경찰에 신고하는 방법 안내
- 여권을 분실한 여행객의 여권 재발급 또는 여행증명서 발행
- 현지 의료기관 정보 제공
- 현지 사법체계나 재판기관, 변호사 등에 대한 전반적인 정보
  제공

- 체포 및 구금 시 현지 국민에 비해 차별적이거나 불합리한 대우를 받지 않도록 현지 당국에 요청
- 여행자의 국내 연고자에게 연락 및 필요시 긴급 여권 발급 지원
- 긴급 상황 발생 시 우리 국민의 안전 확인 및 피해자 보호 지원

그러나 다음과 같은 상황에서는 자국민이라고 할지라도, 외교관이 도움을 주는 영역은 아니니, 여행 시 반드시 확인을 하자.

- 금전 대부, 지불 보증, 벌금 대납, 비용 지불 (의료비, 변호사비 등)
- 예약 대행(숙소, 항공권 등)
- 통역 및 번역 업무 수행
- 각종 신고서 발급 및 제출 대행
- 경찰 업무(범죄 수사, 범인 체포 등)
- 병원과 의료비 교섭
- 사건·사고 관련 상대 및 보험회사와의 보상 교섭
- 구금자의 석방 또는 감형을 위한 외교적 협상
- 한국 수사관 또는 재판관 파견
- 현지 수감자보다 더 나은 처우를 받도록 해당 국가에 압력 행사
- 범죄 징후가 없는 단순한 연락 두절자에 대한 소재 파악

03 선진국의 공공외교 및 문화외교

공공외교는 상대국 국민에게 자국의 정보를 제공해 이해와
설득을 가능케 함으로써 궁극적으로는 자국의 이미지를
제고하고, 국익을 얻는 행위이다. 특히 선진국이라고 칭해질수록
이와 같은 공공외교 및 문화외교는 강조되고 있다.
　미국의 해외공보처는 "외국의 국민을 이해시키고 정보를
제공하며 그들에 대한 영향력을 행사하여, 자국의 시민·기관과
상대국의 시민·기관과의 대화를 확대함으로써 자국의 국익과
안보를 증진시키는 것"을 공공외교라고 정의한 바 있다.(현재 미
해외공보처는 1999년 폐지되어 국무부에 편입되었으며, 이후 미
국무부에서 공공외교 수행중이다)

▲ 한국 대사관에서 주최한 한국 문화 행사

　영국 정부 역시 "정부의 중장기적 목적에 부합하는 방식으로
자국에 대한 이해와 영향력을 증대하기 위해 외국의 시민과
기관에 정보를 제공하고 이해시키는 행위"로서 공공외교의
중요성을 강조했다.

　전직 미국 외교관인 Hans Tuch는 "자국의 국가적 목표와
정책뿐 아니라 사상과 이상, 제도와 문화에 대한 이해를
증진시키기 위하여 정부가 타국의 대중과 의사소통하는
과정"으로서 공공외교가 중요한 시대임을 강조하기도 했다.

　이른바 탈냉전, 세계화, 정보화, 민주화 시대를 넘어 새 시대를
맞이하는 지금, 국가의 권위를 휘두르거나 과시하는 외교를
벗어나 자기 나라의 국제적 영향력을 높이기 위하여 국제사회가
매력을 느낄 수 있는 프로젝트나 이벤트를 통하여 자국의 목적을
달성하려는 은유적인 외교 활동이 강조되고 있는 것이다.

　선진국들의 문화외교 수행체제의 공통점은 바로 하나의
사령탑을 중심으로 일원화 되어 있다는 점도 특징적이다.

　미국의 경우, 국무부 공공외교 및 공보담당차관실에서
대외홍보 및 문화교류를 전담하고 있으며, 영국은 외교부가 공보

및 문화외교 총괄을 담당하는 법인을 외교부 산하에 설치,
문화교류 및 영어 보급활동을 펼치고 있다.

또 프랑스의 경우에는 외교부가 해외 주요 거점에 문화원을
설치하여 문화교류활동을 주관하며 예술활동협회 및 프랑스어
보급을 외교부 예산지원을 통해 운영하고 있는 실정이다.

즉 이들 선진국은 공동가치로서 국가 간의 교류를 장려하고
물적 자원이 아닌 인적 자원, 유형의 가치가 아닌 무형의 가치의
소중함을 깨달아 국가가 적극적으로 외교부에 이와 관련된
부서를 두고 활동을 지원하는 것이다.

단순히 국익을 증대하기 위해서가 아니라, 좀 더 살기 좋은
국가, 좀 더 고차원적이고 풍요로운 가치들이 공존하는 유연한
사회로 발돋움하기 위한 선진국들의 노력을 따라 우리나라 역시
선진외교의 한 방향으로서 공공외교의 가치를 강조하고 있다.
그러나 아직까지는 부서가 일원화 되어 있지 않는 등 시작 수준에
머물러 있어 앞으로 중장기적 측면에서 공공외교의 핵심 국가로
성장해나갈 수 있는 발판을 잘 마련해 나가길 미래의 외교
꿈나무들을 빌어 소망해 본다.

공적개발원조(ODA) - 21세기 외교인 공공외교의 한 줄기

우리가 일반적으로 사용하고 있는 "개발원조"라는 말을
경제협력개발기구(OECD)의 개발원조위원회에서는
"공적개발원조"로 통일하여 사용한다.

개발원조에 관한 명확한 개념은 개발원조위원회가 1969년
공적개발원조를 '개발도상국의 경제사회개발을 증진할 목적으로
이루어지는 공적거래와 양허적 성격으로 이루어지는 자금'으로
설정하면서 정립되었다. 그래서 공적개발원조를 기타 공적자금의
흐름과 분리시키고 증여율을 양허성의 정도를 나타내는 척도로
사용하게 된다.

개발원조위원회는 공적개발원조가 다음의 조건을 충족하여야
한다고 정의하고 있다.

■ 중앙정부와 지방정부를 포함한 공공부문 또는 그
  실시기관에 의해 개발도상국, 국제기구 또는 개발 NGO에
  공여될 것.
■ 개발도상국의 경제개발 및 복지증진에 기여하는 것
  주목적일 것.
■ 차관일 경우, 양허성이 있는 재원이어야 하며 증여율이 25%
  이상이어야 할 것.
■ 개발원조위원회 수원국 리스트에 속해 있는 국가 및 동
  국가를 주요수혜대상으로 하는 국제기구를 대상으로 할 것.

〈공적개발원조의 목적〉

그렇다면 이와 같이 전 세계가 입을 모아 공적개발원조를
강조하는 목적은 무엇일까. 우리나라도 과거 원조를 받은 경험이
있는 국가임을 국민들은 널리 인식하고 있다.

1999년 IMF 경제위기의 흔적이 우리 사회에 만연한
시기임에도 불구하고 우리나라 국민들은 개발원조의 필요성에

▲ 개발원조를 위해 우리나라 기술자들이 해외에 파견되어 일한다.

대해 공감하고 있었다. 1999년 코리아리서치 센터가 실시한
국제협력에 대한 여론조사에서 전체응답자의 93%가 잘사는
나라가 개발도상국을 돕는 것은 당연하다고 밝힌 바도 있다.

그러나 공적개발원조 재원이 국민들의 세금에 의하여
조성되고 주로 원조공여국의 정부조직을 통해 집행되는 만큼
개발원조를 제공하는 동기는 순수한 인도적인 고려보다는
원조를 제공하는 정부의 국가 목표와 국익에 의해 더 영향을 받기
쉽다.

개발원조의 궁극적인 목적은 개발도상국에게 개발원조가 필요
없도록 하는데 있다. 즉, 개발원조의 목적은 개발도상에 있는
국가를 하루 빨리 개발시켜 더 이상 다른 나라에 의지하지 않고
스스로의 힘으로 살아갈 수 있도록 하는데 있는 것이다. 그러나
개발원조의 목적은 단순히 경제성장에 국한되지만은 않는다.

개발은 삶의 질의 전반적인 향상을 가져와야하기 때문이다.
따라서 국제개발협력기구들은 개발이 궁극적으로
타파하고자하는 빈곤을 다음의 5가지 능력이 결여된 상태로
정의로 내리고 이에 따른 원조를 계획한다.

- 경제적 능력 : 필요한 소비를 할 수 있고 자본을 보유할 수
  있는 정도의 수입이 보장됨
- 인간적 능력 : 보건의료서비스, 영양, 안전한 식수, 교육,
  위생적인 환경이 보장됨
- 정치적 능력 : 개인의 인권이 인정되는 가운데
  정치·정책과정에 참가하고 의사결정을 영향을 줄 수 있는
  여건이 보장됨
- 보호능력 : 식품부족, 질병, 재해, 범죄, 전쟁, 분쟁 등에 의한
  취약성으로부터 스스로를 보호할 수 있는 여건이 보장됨
- 사회적 능력 : 인간으로서 존엄을 유지하고 사회의
  일원으로서 사회적 지위가 인정되는 여건이 보장됨

〈공적개발원조의 성과〉

그럼 개발원조는 어떤 성과를 거두게 되었을까.
국제개발원조는 제2차 세계대전이후 많은 성과를 이룸과 동시에
많은 과제를 남겨왔다.

국제통화기금 주도하에 기록된 연구에 따르면, 개발원조는
전반적으로 원조를 받는 나라의 경제성장에 큰 영향을 미치지
못했다는 결론이 도출된 바 있다.

즉, 원조가 경제성장을 촉진시키고 따라서 외부로부터의
원조의 필요성을 격감시킨다는 일반적인 믿음과는 달리
실제로는 많은 나라들은 경제성장의 정체와 함께 더욱 더 많은
양의 원조에 의지하게 되었다는 것이다.

그러나 정책 환경이 성장에 유리하게 조성이 되었을 때 원조가
매우 긍정적인 효과를 발휘한다는 몇 가지 증거가 제시되었다.
따라서 원조성과 및 효과에 관한 이론적 배경 및 수많은 논쟁과
분류들을 일일이 열거할 수도 없고 어떤 확실한 결론을 내릴 수도

없다. 하지만 원조는 투자촉진과 국내저축 증가를 통해서 성장을 촉진시킬 수 있으며 구조적인 조정노력이 지속되는 나라에서는 원조가 긍정적인 효과를 유발할 수 있다는 논리가 지배적으로 자리 잡고 있음을 부정할 수는 없다.

2010년 유엔의 발표에 따르면, 1990년의 18억의 인구(당시 개도국 인구의 46%)가 하루 생계비 1.25달러 이하로 살아가는 극빈층에 해당하였으나, 2005년 27%로 극빈층 비율이 감소했다. 또한, 만성적인 기아를 겪는 인구도 개도국의 20% 비율에서 16%로 감소했다. 교육에 있어서도 1999년 개도국 어린이 중 82%만이 보편적 초등교육을 받았으나 2008년 그 비율은 89%로 증가했다. 뿐만 아니라, 5세 미만의 어린이 사망률을 따져볼 때 1990년에는 1,000명당 100명이었던 것이 2008년에는 72명으로 크게 줄어든 것을 볼 수 있다.

외교는 분명 국익을 대변하는 행위이지만, 반대로 한 국가에서 다른 국가로의 전이이자 전파이기도 하다. 결핍과 분쟁으로 얼룩진 지역과 국가에 그들이 기본적인 삶을 보장받을 수 있도록 돕는 일을 통해 외교부 산하의 한국국제협력단 등은 위와 같은 일들을 쉴 새 없이 진행하며 보다 고차원적인 외교, 공공외교의 선진화를 구축하고 있다고 볼 수 있다.

Part Three
Who & What II

외무공무원법에 따른 외교관의 직급체계를 살펴보면 다음과
같다.

- 대사관 : 대사, 공사, 공사참사관, 참사관, 1등서기관,
  2등서기관, 3등서기관

- 총영사관 : 총영사, 부총영사, 영사, 부영사

비엔나협약은 '외교관이라는 것은 사절단의 장 또는 사절단의
외교직원을 말한다'고 규정하고 있다. 지금까지는 외교관이라고
하면 사절단의 장인 대사와 공사를 가리키는 것이 통례였지만

▲ 각 나라의 외교부 장관과 외교관들의 협상테이블

사절단의 외교직원도 외교관 속에 포함되게 되었다. 따라서
외교관계에 관한 비엔나협약에 따른다면, 외교사절단은 외교관인
구성원과 그 이외의 구성원(사무, 기술직원 및 역무직원)으로
대별되는데 위의 직제에 해당되는 모든 업무 수행자가 외교관이
된다고 볼 수 있다.

역사적으로 보면 외교관이라는 직업이 일반적으로 인정된
것은 이탈리아의 여러 도시국가가 상주 외교사절을 임명하는
15세기경이라고 한다. 그것이 17세기 후반에는 루이 XIV세
치하의 프랑스의 영향으로 유럽 일반에 확대되어 결국
외교관직의 신분과 규칙은 1815년의 비엔나회의, 1818년의
엑스라샤펠 회의에 의해 확립되었다.

외교관은 외교사절단이 구성원으로서 접수국에서 파견국을
대표할 것, 접수국에서 국제법이 인정하는 범위 내에서 파견국 및
그 국민의 이익을 보호할 것, 접수국의 정부와 협상할 것,
접수국에서의 여러 사정을 모두 적법한 수단에 의해 확인하고
이것들에 대해서 파견국의 정부에 보고할 것, 파견국과
접수국간의 우호관계를 촉진하고 양국의 경제상, 문화상 및

과학상의 관계를 발전시키는 것을 임무로 하고 있다.

외교관은 앞서 언급한 것처럼 신체와 명예의 불가침, 주거, 서류, 통신 및 재산의 불가침, 재판권 면제(형사재판권으로부터의 무조건적인 면제, 일정의 예외를 제외하고 민사, 행정재판권으로부터의 면제), 조세의 면제, 관세의 면제 등의 특권을 향유한다.

그렇다면 외교관은 어떠한 자질을 갖추어야 할까.

■ 사명감
외교관은 일종의 국가대표이다. 즉 대한민국을 대표하여 세계로 파견된 인물인 셈이다. 따라서 자신의 말과 행동이 곧 대한민국이라는 것을 잊어서는 안 된다. 조국을 대표한다는 긍지와 책임감, 우리나라와 우리 국민들의 미래가 외교에 달려 있다는 사명감으로 외교관들은 더욱 당당히 세계와 마주할 수 있어야 한다.

■ 폭넓은 지식과 정확한 판단
외교관은 자국과 관계된 일은 물론 어떤 분야, 어떤 주제라도 이야기할 수 있어야 한다. 정치, 경제, 사회, 문화, 예술, 역사, 지리, 과학 등 분야를 막론하고 다양한 지식을 자기 것으로 소화하여 언제, 어디서에서도 논리정연하게 설명할 수 있는 지식과 논리력이 필요하다.

■ 신중한 말과 글, 태도
외교관은 말 한 마디, 문장 하나, 행동 하나에도 신중해야 한다. 알고 있는 것을 정확하고 이해하기 쉽게 표현하고, 상황에 따라 유연하고 적절하게 처신해야 외교관은 상대방을 설득하고 자국의 국익을 최대화할 수 있기 때문이다.

■ 신뢰

외교는 국가와 국가의 만남이다. 그 만남의 대표주자인
외교관은 상대 국가에게 신뢰를 심어줄 수 있어야 한다. 국가
간 우호협력관계는 '대한민국은 믿을 수 있다. 한국 대표와
함께 일할 만하다'는 신뢰에 바탕을 두고 있다는 것을 명심해야
할 것이다.

■ 포용과 다양성의 존중

생김새가 다르고 문화와 사고방식이 다른 사람들과 끊임없이
소통해야 하는 외교의 특성상, 다양성을 존중하고 포용하는
자세가 특별히 중요하다. 우리 입장 뿐 아니라 상대방의
관심사에 귀 기울이고 배려하며, 서로에게 이익이 되는
해결책을 찾아가야 하기 때문이다. 따라서 그 첫 걸음은 나와
다른 상대방을 이해하고 인정하는 자세에서부터 출발한다는
것을 잊지 말아야 한다.

■ 보편적 가치

국가 간 협력을 통해 세계 평화와 안전, 인류의 공동 번영을
이루어 나가는 외교관은 국적이나 출신, 인종과 종교, 성별을
넘어서는 보편적 가치를 추구해야 한다.

대한민국
REPUBLIC OF KOREA
대한민국
외교관여권
DIPLOMATIC PASSPORT
대한민국
REPUBLIC OF KOREA
대한민국
관용여권
OFFICIAL PASSPORT
DIPLOMĀTISKĀ
TEMPORAR

외교부가 하는 일

외교부 조직과 업무

1948년 대한민국 정부 수립과 더불어 발족한 '외무부'는
1998년 국민의 정부 출범 직후 단행된 정부 조직 개편에 따라
'외교통상부'로 개편되었다가 2013년 '외교부'로 이름이
바뀌었다.

외교부는 외교정책의 수립·시행, 외국과의 통상 및 통상
교섭과 대외 경제 관련 외교정책의 수립·시행 및 총괄·조정, 국제
정세의 조사·분석, 국제관계 업무에 관한 조정, 조약 및 그 밖의
국제 협정, 문화협력, 대외 홍보, 재외동포정책의 수립,
재외국민의 보호·지원 및 이민에 관한 사무를 관장하고 있다.

외교부는 무한경쟁의 국제환경 속에서 저비용·고효율의
실용외교를 추진하기 위해 조직과 인력 운영 및 예산을 외교환경

© Chokniti Khongchum

변화에 걸맞게 재조정하는 등 개혁을 위해 지속적인 노력을
기울여오고 있다.

　2000년대 들어 세계화하는 시대적 흐름 속에서 외교업무가
질적·양적으로 확대되고 한국 국민의 대외 활동이 증가함에 따라
외교역량 강화를 위한 인력 보강으로 외교부 정원이 크게
증가하였다. 2005년 말에는 영사정책 기능, 대테러 국제협력
기능, 재외공관 신설에 따라 84명을 증원하였고, 2006년 초에는
한반도평화교섭본부와 한·미 자유무역협정 기획단 설치 등에
따라 73명을 증원하였다. 2007년 7월에는 아시아와 유럽 지역의
외교기능 강화와 재외공관망의 확충에 따른 197명의 실무인력을
보강하여 2008년 1,923명으로 증가하였다.

외교부 장관을 보좌하는 사람들 및 부서

외교부의 수장인 외교부장관은 국무위원 중에서 대통령이
임명하며, 국무총리가 임명제청권과 해임건의권을 행사한다.
국회는 임명 전에 인사청문회를 실시해야 하며, 해임건의권을
행사할 수 있다.

외교부에는 장관의 업무를 보좌하기 위해 대변인, 정책기획관,
감사관이 있는데 그 업무는 다음과 같다.

■ 대변인

대변인실은 부대변인을 포함해 공보담당관실,
정책홍보담당관실, 해외언론 담당관실로 나뉘어 업무를
수행하며 장관을 보좌하는 역할을 한다.

공보담당관실은 언론을 통한 외교정책 및 주요 외교사안에
관한 국민의 이해제고 관련 업무, 외교정책 및 주요 외교사안에
관한 국내 언론보도의 파악 및 대응, 장관과 차관 등 외교부
주요 간부들의 국내 언론 관련 활동 및 브리핑 지원 등의
업무를 수행한다.

정책홍보담당실은 외교정책 및 주요 외교사안에 관한 대 국민
홍보계획의 수립 및 시행하며 총괄, 조정한다. 또 대 국민 직접
접촉을 통한 외교정책 및 주요 외교사안에 관한 국민의 이해
제고 관련 업무를 수행하며 홈페이지 및 소셜 미디어 등을 통한
대내외 온라인 홍보도 담당한다.

해외언론담당관실에서는 외교정책 및 주요 외교사안에 관한
국외 홍보계획을 수립, 시행, 총괄, 조정한다. 또 외교정책 및
주요 외교사안에 관한 국외 언론보도의 파악하고 대응하며,
장관과 차관 등 주요 간부의 국외 언론 관련 활동 지원도 한다.
끝으로 외교정책 및 주요 외교사안에 관한 외국 언론인의
대한민국 방문 및 취재지원에 관한 업무를 수행하게 된다.

■ 정책기획관
정책기획관실은 정책총괄담당과 정책분석담당으로 나누어
업무를 수행한다.
정책총관담당이란, 연간 외교정책의 수립, 총괄 및 조정, 새로
부상하는 세계적 차원의 문제에 대한 외교정책의 수립 및 조정,
중장기 외교정책 수립과 총괄 및 조정, 주요 외교정책문서 발간
및 외교백서 발간, 외교정책자문기구를 운영한다.
정책분석담당관실은 외교사안 및 국제정세에 관한 정보 분석,
국내외 외교정책 연구기관, 국제문제 관련 유관기관과의 업무
협조, 외국과의 정책기획협의회 운영, 종합상황실 운영 및
관리, 정보 수집·분석과 기획 업무를 총괄한다.

■ 감사관
본부 및 재외공관 감사, 일상감사, 산하단체 감사,
사정(공직기강) 업무, 징계관련 업무, 민원업무총괄, 재산등록
심사업무, 부패방지신고 상담센터 운영, 감사원 감사지원 및
후속조치 등을 담당한다.

장관의 바로 밑으로는 1차관, 2차관, 한반도평화교섭본부,
국립외교원, 재외공관, 산하기관 등이 구성되어 있으며 이들의
상세한 업무는 외교부 홈페이지의 조직도를 확인하면 더욱
파악하기 쉽다.
외교부의 제1차관 및 제2차관은 장관이 부득이한 사유로 그
직무를 수행할 수 없는 때에는 제1차관, 제2차관의 순으로 그
직무를 대행하는 역할이다. 제1차관은 동북아시아국·아세안국·
아시아태평양국·북미국·중남미국·유럽국 및 아프리카중동국의
소관업무에 관하여 장관을 보조한다.
동북아시아국은 총 3개의 과로 나뉘어있다.

동북아1과와 2과에서는 중국에 관한 외교정책의 수립·시행 및
총괄·조정, 중국의 한반도·동북아정책에 관한 업무, 중국의
대외정책·대외관계에 관한 업무, 중국에 관한 사정의 조사·연구,
중국과의 양자 간 경제·통상외교 관계 업무에 관한 사항을
담당한다.

　　동북아협력과는 중국 지방정부 및 민간과의 교류·협력에 관한
업무, 한·중 간 우호정서 증진에 관한 업무, 몽골에 관한
외교정책의 수립·시행 및 총괄·조정, 몽골에 관한 사정의
조사·연구와 양자 간 경제·통상 외교 관계 업무에 관한 사항,
「동북아역사재단 설립·운영에 관한 법률」 제2조에 따른
동북아역사재단과의 업무 협조에 관한 사항을 담당하여
처리한다.

　　아세안국은 동남아1과, 동남아2과, 아세안협력과로 나뉘어
있으며 동남아 11개국(동티모르, 라오스, 말레이시아, 미얀마, 베트남,
브루나이, 싱가포르, 인도네시아, 태국, 캄보디아, 필리핀)에 관한
외교정책의 수립·시행 및 총괄·조정, 동남아 11개 국가 및 지역
사정에 대한 조사와 연구를 담당한다.

　　아시아태평양국은 아태1과, 아태2과, 아태지역협력과로 총
3과로 나뉘어 업무를 처리한다.

　　아태1과는 일본에 관한 외교정책의 수립·시행 및 총괄 및 조정,
일본의 대외정책 대외관계에 관한 업무, 한국·일본·중국 3국간
협력에 관한 외교정책의 수립과 시행 및 총괄 및 조정,
한국·일본·중국 3국 간의 협의체 운영에 관한 업무를 맡는다.

　　아태2과는 인도, 호주, 뉴질랜드, 방글라데시, 네팔,
아프가니스탄, 파키스탄, 스리랑카, 피지, 파푸아뉴기니, 부탄,
사모아, 통가, 니우에, 몰디브, 나우루, 마셜제도,
마이크로네시아연방, 키리바시, 투발루, 바누아투, 솔로몬제도,
쿡아일랜드(이상 23개국) 및 동 지역에 관한 외교정책의 수립·시행
및 총괄·조정, 상기 각국 및 동 지역사정의 조사·연구를

담당한다.

　아태지역협력과는 한-ASEAN 관계 증진을 위한 정책의
수립·시행 및 총괄조정, ASEAN 관련 동아시아지역
협의체(ASEAN+3, EAS, ARF 등) 참여, 정책의 수립과 시행 및
총괄조정, 여타 아시아 관련 다자협력 업무를 담당한다.

　북미국은 북미1과와 2과, 한미안보협력과, 한미지위협력과로
나뉘어 업무를 진행한다.

　북미1과와 2과는 미합중국에 관한 외교정책의 수립·시행 및
총괄·조정, 미합중국의 대 한반도·동북아정책에 관한 업무,
미합중국의 대외정책·대외관계에 관한 업무, 미합중국 및 그
지역 사정의 조사·연구를 담당한다.

　또 미국 의회 및 학계 관련 업무 미국 주재 총영사관 관할 업무,
한-캐나다간 양자 관계 업무를 담당한다. 기존에 2과에서
담당했던 [SOFA 운영팀] 주한미합중국군대의지위협정(SOFA)
운영에 관한 업무는 새로 신설된 한미지위협정과에서 맡는다.

　한미안보협력과는 한·미 상호방위조약의 시행에 관한 업무와
주한 미합중국 군대와 관련된 안보협력에 관한 업무, 미합중국의
대외 안보·군사정책에 관한 업무를 담당한다.

　중남미국은 남미과, 중미카리브과, 중남미협력과로 나누어
업무를 진행한다.

　남미과는 브라질, 아르헨티나, 칠레, 페루, 볼리비아, 에콰도르,
파라과이, 우루과이(이상 8개국) 및 동 지역에 관한 외교정책
수립·시행 및 총괄·조정, 상기 각국 및 동 지역사정의
조사·연구협력, UNASUR, MERCOSUR 등 남미지역 기구와의
협력을 맡는다.

　중미카리브과는 멕시코, 과테말라, 코스타리카, 엘살바도르,
니카라과, 온두라스, 파나마, 도미니카(공), 베네수엘라, 콜롬비아,
쿠바, 가이아나, 그레나다, 도미니카(연), 바베이도스, 바하마,
벨리즈, 세인트루시아, 세인트빈센트그레나딘,

▲ 브라질 마나우스 도시에서 열리는 카니발 축제

세인트키츠네비스, 수리남, 아이티, 앤티가바부다, 자메이카, 트리니다드 토바고(이상 25개국) 및 동 지역에 관한 외교정책의 수립·시행 및 총괄·조정을 담당한다.

또 상기 각국 및 동 지역사정의 조사·연구 SICA, CARICOM, ACS 등 중미카리브지역 기구와 협력한다.

중남미협력과는 중남미 지역과의 협력에 관한 외교정책의 수립·시행 및 총괄·조정, 중남미 각국 및 그 지역과의 경제·통상 및 에너지·자원 협력에 관한 외교정책의 수립·시행 및 총괄·조정, 미주기구, 중남미카리브국가공동체 등 지역기구와의 협력방안 연구 및 시행, 미주개발은행, 중남미개발은행, 태평양동맹 및 유엔중남미카리브경제위원회 등 지역경제협력체와의 협력방안 연구 및 시행, 동아시아-라틴아메리카 협력포럼(FEALAC)에 관한 외교업무를 담당하고 있다.

유럽국은 서유럽과, 중유럽과, 유라시아과로 나누어져 업무를 진행한다.

서유럽과는 유럽지역 외교정책의 수립·시행 및 총괄·조정, 유럽연합(EU) 및 유럽평의회(CE)에 관한 외교정책의 수립·시행

및 총괄·조정, 교황청·네덜란드·노르웨이·덴마크·라트비아·
룩셈부르크·리투아니아·모나코·몰타·벨기에·산마리노·스웨덴·
스페인·아이슬란드·아일랜드·안도라·에스토니아·영국·이탈리아
·포르투갈·프랑스·핀란드 및 그 지역에 관한 외교정책의
수립·시행 및 총괄·조정, 지역사정의 조사·연구, 경제·통상외교
관계 업무에 관한 사항을 맡고 있다.

중유럽과는 그리스·독일·루마니아·리히텐슈타인·마케도니아·
몬테네그로·몰도바·벨라루스·보스니아−헤르체고비나·불가리아
·사이프러스·세르비아·스위스·슬로바키아·슬로베니아·아르메니
아·아제르바이잔·알바니아·오스트리아·우크라이나·조지아·체코
·코소보·크로아티아·터키·폴란드·헝가리 및 그 지역에 관한
외교정책의 수립·시행 및 총괄·조정, 지역사정의 조사·연구,
경제·통상외교 관계 업무에 관한 사항,
아시아·유럽정상회의(ASEM), 아시아교류 및 신뢰구축회의(CICA),
CIS 지역협력기구 및 그 밖의 유럽지역협력기구에 관한
외교정책의 수립·시행 및 총괄·조정한다.

유라시아과는 러시아연방·우즈베키스탄·카자흐스탄·
키르기즈·타지키스탄·투르크메니스탄 및 그 지역에 관한
외교정책의 수립·시행 및 총괄·조정, 지역사정의 조사·연구,
경제·통상외교 관계 업무에 관한 사항 등을 담당한다.

아프리카중동국은 중동1과, 중동2과, 아프리카과로 나뉘어져
있다.

중동1과는 이스라엘, 팔레스타인, 이란, 이라크, 레바논,
시리아, 요르단 및 그 지역에 관한 외교정책의 수립·시행 및
총괄·조정, 각 국 및 그 지역사정의 조사·연구, 각 국과의 양자 간
경제·통상외교 관계 업무에 관한 사항, 대중동 외교정책의
수립·시행 및 총괄·조정, 중동 지역 정세의 분석, 조사 연구 및
아랍연맹 등 지역기구와 협력한다.

중동2과는 리비아·모로코·모리타니·바레인·사우디아라비아·

▲ 외교단과 아랍 재외공관 의전실 모습

아랍에미리트연합국·알제리·예멘·오만·카타르·쿠웨이트·튀니지 및 그 지역에 관한 외교정책을 수립·시행 및 총괄·조정한다. 또 각 국 및 그 지역사정의 조사·연구하며, 각 국과 양자 간 경제·통상외교 관계 업무에 관한 사항을 담당, 한국-아랍소사이어티(KAS)에 관한 외교정책의 수립·시행 및 총괄·조정 한다.

아프리카과는 대아프리카 외교정책 수립 및 시행, 사하라이남 아프리카 46개국과의 양자 간 정무, 경제 통상 관계 증진, 아프리카 지역 정세의 분석, 조사 연구 및 아프리카 연합(AU) 등 지역기구와 협력한다.

제2차관은 재외동포영사실·원자력비확산외교기획관·국제기구국·개발협력국·국제법률국·공공문화외교국·국제경제국·양자경제외교국 및 기후환경과학외교국의 소관업무에 관하여 장관을 보조한다.

재외동포영사실은 재외동포과, 재외국민보호과, 영사서비스과, 여권과 등으로 나뉘어져 있으며 재외동포정책의 수립·시행 및 총괄·조정, 재외국민보호를 위한 국제 협조 업무, 영사관련 협정

체결 및 이행, 재외국민등록 및 해외이주에 관한 사항, 여권
접수·심사·교부 업무 등의 업무를 담당하고 있다.

원자력비확산외교기획관은 원자력외교담당과
군축비확산담당관, 수출통제·제재담당관실로 나뉘며 유엔의
군축·비확산분야 활동에 관한 외교정책의 수립·시행 및
총괄·조정, 군축·비확산분야에 관한 조사·연구, 핵의 비확산에
관한 사항, 원자력, 생화학 무기 등을 담당 연구한다.

국제기구국은 유엔과, 인권사회과, 국제안보과로 나뉘어
업무를 진행한다.

유엔과는 유엔 및 전문기구 등 관련 국제기구에 관한
외교정책의 총괄·조정하는 등 유엔과 관련된 외교정책을
수립하고 관리한다.

인권사회과는 유엔의 인권·사회분야 활동에 관한 외교정책의
수립·시행 및 총괄·조정하고 유엔의 인권·사회분야 활동에 관한
조사·연구를 담당한다.

국제안보과는 국제안보 문제에 관한 외교정책의 수립·시행 및
총괄·조정하여 담당하고 있다.

국제법률국은 국제법규과, 조약과, 영토해양과로 나뉘어 있다.
이들은 주요 외교사안과 관련한 법적 자문의 제공 및 국제법 관련
사항을 담당하고, 양자 또는 다자간의 계약을 검토 체결하며,
영유권에 관한 국제적인 논리개발 연구 및 국내외 기관과
협의하는 등의 역할을 한다.

공공문화외교국은 공공외교정책학과, 문화예술협력과,
문화교류협력과로 나뉘어져 있으며 공공외교 및 문화 분야
국제협력에 관한 외교정책 총괄 담당한다. 또 문화예술과 관련된
공연 전시나 문화외교사절단을 운영하며 각 국가와 문화교류를
하는 일에 앞장선다.

국제경제국은 다자경제기구과, 경제협정규범과,
지역경제기구과로 나뉘어져 있으며 대표적으로

경제협력개발기구와 산하 부속기구 업무에 관한 외교정책의
수립·시행 및 종합하여 조정하고, 남북경제협력이나
항공해운수산 협력은 물론 경제법무를 담당한다. 또
아시아·태평양경제협력체(APEC)를 포함한 지역경제협력체와
관련한 협상(통상교섭은 제외)을 총괄 조정하기도 한다.

양자경제외교국은 동아시아경제외교과, 북미유럽경제외교과,
양자경제외교총괄과로 나뉘어져 있으며 중국, 일본과의
양자경제에 관한 정책 외교정책의 수립, 시행, 평가 및 총괄 조정,
몽골, 베트남, 미얀마, 인도네시아, 태국, 말레이시아, 싱가포르,
필리핀, 라오스,브루나이, 캄보디아, 동티모르와의 양자경제에
관한 외교정책의 수립, 시행 및 평가, 미국, 유럽과의
경제협력외교 및 경제협의체 운영, 캐나다, 독일, 영국,
프랑스와의 양자경제에 관한 외교정책의 수립, 시행 및 평가,
재외공관 비즈니스 외교 지원, 농식품 수출홍보사업 등의 업무를
해결하고 있다.

끝으로 기후환경과학외교국은 국제에너지안보과,
기후녹색협력과, 글로벌환경과학과로 나뉘어져 있으며
에너지·자원 업무에 관한 외교정책의 수립 및 시행, 기후변화
관련 국제협력 및 협상에 관한 외교정책의 수립 및 시행,
환경관계 국제기구 및 다자협의체와의 협력과 국제회의 업무,
녹색성장 관련 국제협력 및 협상에 관한 외교정책의 수립 및
시행, 녹색성장 관련 대내외 홍보, 우리 기업과 외국 에너지
인사간 네트워킹 지원 등을 하고 있다.

국립 외교원

외교안보연구원의 설립 목적은 2009년에 일부 개정된
'외교통상부와 그 소속기관 직제' 제35조(직무)에 잘 나타나 있다.
외교안보연구원의 직무상 역할을 대략 살펴보면, 첫째, 국가안보
및 외교통상부 장관이 지정하는 외교 문제를 체계적으로
조사·연구하며, 둘째, 국내외 관련 연구기관과의 교류 및
공동연구를 통해 정부의 중·장기 외교정책 입안에 기여하고,
셋째, 외교통상부 소속 공무원과 그 가족, 그리고 다른 기관 또는
외국 정부로부터 위탁받은 자에 대한 교육을 실시하며, 넷째,
고위 외무공무원 후보자, 참사관급·신규 외무공무원의 역량평가
계획 및 개발을 수행하는 것이다.

1963년 발족한 '외무공무원교육원'은 주로 외무공무원 신규
채용자와 해외 발령자에 대한 교육 훈련에 치중하였으나, 1965년
'외교연구원'으로 개편되면서 외교정책의 연구도 겸하였다. 특히
1970년에 들어오면서 급변하는 국제 정세에 적극적으로
대응하기 위하여 외교연구원의 직제를 세 차례나 개편하여
국제정세 조사와 체계적이고 장기적인 외교정책 연구도
수행하도록 하였다.

그러나 전문적인 연구진 부족, 비치 자료 미비 및 예산 부족
등으로 외부에서 위촉된 교수들이 연구 활동에 참여하였으며,
주로 외교 실무를 바탕으로 한 국제정세 변화의 파악과 분석,
그리고 단기 외교정책 연구가 활동의 중심이 될 수 밖에 없었다.

1976년 말 외교연구원이 '외교안보연구원'으로 확대
개편되면서, 연구실은 교수 정원 12명으로 전문 연구진을
충원하여 외무부의 주요 시책인 안보외교, 경제·문화 외교,
평화통일 기반조성 외교를 목표로 중·장기 외교정책 연구를
수행하였다.

이후 외교안보연구원은 급변하는 외교환경에 적합한 역량
있는 외교 인재 양성과 국가의 중장기 외교정책 연구·개발이라는
시대적 요구에 부응하기 위해 2012년 3월 1일 '국립외교원'으로

확대 개편되어 운영 되고 있다.

현재 국립외교원은 외교안보연구소 산하의 5개의 연구부와 5개의 센터 및 기타 기관으로 구성되어 있다.

외교안보연구소는 한국의 외교정책 및 국제관계에 관한 심층적 연구뿐만 아니라, 미·일·중·러는 물론 유럽·동남아·중동(중앙아 포함) 지역의 정책 연구기관과의 학술회의 개최 등 국내외 학술교류를 통해서 외교·안보 분야의 싱크탱크 역할을 하고 있다. 또한 새로운 외교·안보 현안의 중요성, 국민적 관심 증대 및 대국민 외교 강화 등을 배경으로 외교안보연구소의 역할이 더욱 중요해지고 있다.

구체적으로 분야를 나누어 설명하자면 다음과 같은 연구를 하고 있다.

■ 학술교류

외교안보연구소는 한·일 회의, 한·미·일 회의, 한·중 회의, 한·중·일 회의, 한·미·중 회의, 한·러 회의 등 미·일·중·러 4강과의 정기적인 학술회의를 개최하여, 한반도 문제에 대한 이해 제고, 정책적 공감대 형성, 글로벌 인적 네트워크 구축 등에 힘쓰고 있다. 또한 2010년부터는 IFANS 국제문제회의를 개최해 전 세계 정·관·학계 인사들과 현안 토론의 장을 마련하고 있다. 더불어 국·내외 대학 및 연구기관과의 양해각서(MOU)를 체결하여 기관 간 협력 및 학술교류를 정례화 하고 있다.

■ 공공외교 활동

주한외교단, 외국 주요기관 인사, 언론인 등과의 방문간담회를 수시로 개최하여 국·내외 인사들의 정부 외교정책에 대한 이해를 돕는다. 또한, 한·미동맹 전문가 간담회, 북한·동북아 전문가 간담회를 통해 국내의 정책적 커뮤니티 형성을 위해 노력한다.

■ 연구활동

외교안보연구소는 주요 국제문제 분석 세미나(매주 개최),
중국연구센터 전문가 워크숍(매월 개최) 등을 통해 미·일·중·러
뿐만 아니라 동남아, 유럽, 중동 지역 국가에 대한 연구를 하며,
이를 통해 현안 분석 및 중장기 정책 대안을 개발하고 있다.

5개의 연구부와 4개의 연구센터는 다음과 같다.

■ 안보통일 연구부

안보통일연구부는 북한문제, 한반도 통일 등을 연구함으로써
한반도 문제를 해결하기 위한 정부의 정책적 판단에 도움을
주고 있다. 나아가, 한반도를 둘러싼 국제적 이해관계에 대한
효율적 해결 방안을 찾아 한반도의 통일과 동북아 안정 및
번영을 도모하는 전략을 연구하고 있다.

■ 아시아태평양연구부

동아시아 지역은 전통적으로 우리나라의 대외관계에 있어
중요한 지위를 차지한다.
특히 최근에 와서는 동아시아의 지정학적 가치와 자원이
국제사회의 중요 이슈로 떠오르면서 아시아·태평양지역에
대한 전략들이 급격히 수정되고 있다. 이러한 시대적 상황에
발맞추어 아·태연구부는 중국, 일본을 비롯한 동남아, 서남아,
오세아니아 주요국과의 관계를 정립하고 효율적인 상호 협력
방안을 모색하고 있다.

■ 미주 연구부

미국의 대 아시아 정책을 연구하고 이를 바탕으로
한미동맹이나 북한 핵문제에 대한 국제적 접근 방법을
연구한다. 미국의 아시아 정책은 단순한 지역 문제를 넘어
국제질서의 재편이라는 새로운 도전을 맞고 있어 우리의
대외정책에서 무시할 수 없는 중요한 부분이 되고 있다.
따라서 미주연구부는 한미동맹관계를 비롯한 미국 외교정책,
미국의 군사전략, 미국의 대 동아정책 파트너십에 대한 연구를
통하여 외교부의 업무 수립에 도움을 주고 있다.

■ 유럽아프리카연구부

유럽아프리카연구부는 유럽, 아프리카, 중동, 러시아,
중앙아시아 등의 국가 및 지역국제관계에 대해 연구를 한다.
지리적으로 우리나라와 먼 지역의 국가들이어서 지금까지
상대적으로 관심도가 낮은 편이었으나, 최근 아랍에 일어난
민주화의 물결과 중동 및 아프리카의 천연자원 등이 주목
받으면서 우리나라의 미래 동반성장의 중요한 파트너로
부상하고 있다. 특히 이란 핵 문제를 비롯한 중동의 정치사회적
혼란과 러시아의 옛 소련 지역에 대한 영향력 확대 등은 우리의
대외 관계에도 많은 영향을 미치기 때문에
유럽아프리카연구부의 역할은 갈수록 비중이 높아지고 있다고
하겠다.

■ 경제통상연구부

세계화와 정보 매체의 발달로 인하여 국가 상호간의 경제적
교류는 어느 때보다도 활발하게 이루어지고 있다. 그런데
최근에는 여기에서 한걸음 더 나아가 지역경제 또는 세계경제
통합체제가 현실로 나타나고 있다.
또한 새로운 경제 집단인 'BRICS'가 등장하여 경제의 축이

다양화되고 있는 상황에서 경제통상연구부는 양자 및 다자간
경제·통상·금융 문제, 일반 국제기구, 에너지자원, 환경 및
기후변화 등 21세기형 신 안보 문제들을 조사하고 연구한다.

■ 중국연구센터
최근 국제사회에 급부상한 중국은 지정학적으로 인접한
국가로 사상이나 체제가 우리와 다르며 특히 북한과의 관계,
미국과 일본과의 관계에서 중요한 변수로 작용한다. 따라서
중국연구센터는 중국과 관련된 다양한 분야에 걸쳐
전문가들과 의견을 교환하고 긴급 상황에 대한 대안책을
강구하여 정부의 대 중국 정책에 도움을 준다.

■ 외교사연구센터
한국 외교의 주요 사안에 대한 현장의 경험을 인물별·사건별로
분류 정리하고 외교정책 결정 및 외교사 연구의 토대가 될 수
있는 외교자원을 수집, 분석하여 외교 실무와 외교관 교육
자료로 활용한다.

■ 국제법센터
국제법에 대한 체계적 연구를 통해 우리나라 외교 정책과
활동을 지원하며 국제사회의 평화와 번영을 위한 국제법적
토대를 마련한다. 특히 공공외교와 문화외교와 같은 평화적
국제관계 형성에 있어서 국제사회의 질서적 정의를
구현하는데 첨병 역할을 한다.

■ 일본연구센터
5개 센터 중 4번째인 2015년 8월에 설립되어 대일 공공외교를
강화하는데 중점을 두고 있다. 한일관계에 대한 연구를 하고,
중장기적인 대일외교정책 수행에 도움이 되는 연구 및

연구회를 개최한다. 양국 언론과 정책 전문가 등이 함께 한일간
현안에 대한 의견교환을 하며, 한일관계의 안정적인 발전을
도모한다.

■ 아세안.인도연구센터
5개 센터 중 가장 최근 설립되었다. 글로벌 거버넌스,
기후변화협상, 에너지외교 등 동아시아 지역의 협력을 위한
연구를 하고, 동아시아국들과의 국제관계와 안보에 대한 연구
및 연구회를 개최한다.

사교적 외교 의전활동

   의전이란 타인에 대한 상식과 배려를 바탕으로, 국가 간의 관계
또는 국가가 관여되는 공식 행사에서 개인 및 국가가 지켜야 할
일련의 규범을 뜻한다.
   자동차의 윤활유가 각 부분의 흐름을 잘 연결시켜 전체적인
운행이 조화롭게 진행될 수 있도록 도와주는 것처럼 의전은 국가
간 각종 행사 진행을 매끄럽게 하여 최선의 성과를 얻도록 하는
역할을 담당하고 있다.
   국가 간 의전의 원칙은 타국에 대한 상식과 배려에 기초하고
있기 때문에, 비단 국가 정상 간의 행사에서만 쓰이는 것이
아니라 일반 사람들의 국제 비즈니스 매너에도 적용 될 수 있다.
따라서 이를 미리 익혀둔다면 좋은 외교관으로서는 물론 상호
존중과 배려를 바탕으로 하는 좋은 매너는 외국 사람들과의
관계유지와 발전에도 큰 도움이 될 수 있다.

   의전은 좁은 의미에서는 국가행사, 외교통상, 국가원수 및
고위급 인사의 방문과 영접에서 행해지는 국제적
예의(국가의전)를 의미하지만 넓게는 사회구성원으로서 개개인이
지켜야할 건전한 상식에 입각한 예의범절(사교의례)을 포함한다.
   여기서 국가의전이란, 국가행사시 의전 주권국가간
외교행사에 있어 행해지는 의전 외교사절의 파견과 접수
국가원수 및 고위급 인사의 방문과 영접에 따른 의전 사교의례를
모두 포함한다.

〈소개 방법〉
   먼저 연로자나 상위자에 대해 그의 이름을 부른 후 연소자나
하위자 소개를 한다.
   예) Mr. Ambassador, May I introduce Mr....

▲ Denis Thatcher와 Nancy Reagan의 Kissing hand 인사 장면

〈소개의 순서〉

연소자나 하위자를 연로자나 상위자에게, 남자를 여자에게 소개한다.

〈악수의 방법〉

아랫사람이 먼저 악수를 청해서는 안 되며 윗사람이 먼저 손을 내밀었을 때만 악수를 한다. 남자가 여자에게 소개되었을 때는 여자가 먼저 악수를 청하지 않는 한 악수를 안 하는 것이 보통이다. 악수는 바로 서양식 인사이므로 악수를 하면서 우리식으로 절까지 할 필요는 없다.(두 손으로 하는 것도 아름답지 못함)

〈손에 입 맞추기 및 포옹〉

신사가 숙녀의 손에 입술을 가볍게 대는 것을 Kissing hand라 하며, 이 경우 여자는 손가락을 밑으로 향하도록 손을 내민다. 유럽의 프랑스, 이태리 등 라틴계나 중동아지역 사람들의 친밀한 인사 표시로 포옹을 하는 경우가 있으므로, 이 경우는 자연스럽게 응한다.

〈명함 건네기〉

명함용지는 순백색이 일반 관례이며, 너무 얇거나 두꺼운 것은 피하는 것이 좋다. 인쇄방법은 양각이 원칙이다. 반드시 흑색 잉크를 사용하여야 하며 금색 둘레를 친다거나 기타 색채를 사용해서는 안 된다.

명함은 원래 남의 집을 방문하였다가 주인을 만나지 못하였을 때에 자신이 다녀갔다는 증거로 남기고 오는 쪽지에서 유래 되었다. 이 같은 습관은 현재 많이 변모하여 선물이나 꽃을 보낼 때, 소개장, 조의나 축의 또는 사의를 표하는 메시지 카드로 널리 사용되고 있다. 그러나 우리나라에서처럼 상대방과 인사하면서 직접 명함을 내미는 관습은 서양에는 없으나 명함을 내밀 때는 같이 교환 하는 것이 예의이다.

〈호칭〉

미국 사람들은 빠른 사람은 처음부터 '퍼스트 네임'을 부르며, 영국 사람들은 어느 정도 친해지면 '퍼스트 네임' 으로 부를 것을 제의하는 것이 일반적이다. Mr.는 성 앞에만 붙이고 '퍼스트 네임' 앞에는 절대로 붙여 쓰지 않는다.

기혼여성의 경우 Mrs. Peter Smith 식으로 남편의 이름 앞에 Mrs.라는 존칭만을 붙여 쓰는 것이 오랜 관습이다. 그러므로 Mrs. Mary Smith 식으로 자신의 '퍼스트 네임'을 쓰면, 영국에서는 이혼한 여성으로 간주한다.

그러나 미국에서는 직업부인들이 이혼하지 않고도 Mrs.를 붙여 자신의 '퍼스트 네임'을 붙여 쓰며, 또 이혼한 경우에는 아예 미혼 때의 이름으로 돌아가, Miss Mary Nixon식으로 호칭하는 사람들도 있다.

〈레이디 퍼스트의 적용〉

　　서양에서는 방이나 사무실을 출입할 때 언제나 여성을 앞세우고, 길을 걸을 때나 자리에 앉을 때는 언제나 여성을 오른쪽에, 또 상석에 앉히는 것이 원칙으로 한다.

　　문을 열고 닫을 때 뒤에 오는 사람을 위해 잠시 문을 잡아 주는 것은 여성에 대한 것 뿐 아니라 일반적 예의라고 인식되고 있다.

　　때문에 승강기를 탈 때도 남성은 아주 복잡하지 않는 한 여성이나 어린이 그리고 노인을 앞세운 후 타고 내리는 것이 예의이다. 식당이나 극장, 오페라에서 안내인이 있을 때는 여성을 앞세우나, 안내인이 없을 때는 남성이 앞서고, 또 여성을 먼저 좌석에 안내한다.

　　길을 걸을 때나 앉을 때에 남성은 언제나 여성을 우측에 모시는 것이 에티켓으로 여겨진다. 그러나 차도가 있는 보도에서는 남성이 언제나 차도 쪽으로 걸으며 이 원칙은 윗사람에게도 적용된다.(즉 윗사람을 항상 오른쪽에, 앞뒤로 걸을 때는 앞에 모신다) 남성이 두 여성과 함께 길을 갈 때나 의자에 앉을 때 두 여성 사이에 끼지 않는 것이 예의이나, 길을 건널 때만은 재빨리 두 여성 사이에 끼어 걸으면서, 양쪽 여성을 다 같이 보호하는 방식이다. 왜냐하면 한 여성에게 뒤통수를 보이면 실례라고 생각하기 때문이다.

　　호텔에서 여자 혼자 남자손님의 방문을 받았을 때는 로비 (Loby)에서 만나는 것이 원칙이다. 자기 방에서 만나는 것은 자칫하면 오해를 받기 쉬우며, 부득이 방에서 방문을 받을 때는 출입문을 조금 열어놓는 것이 에티켓이다. 비행기는 언제나 여성이 먼저 타고 먼저 내린다. 여성은 자동차를 탈 때 안으로 먼저 몸을 굽혀 들어가는 것 보다는 차 밖에서 차 좌석에 먼저 앉고, 다리를 모아서 차 속에 들여놓는 것이 보기 좋으며, 차에서 내릴 때는 반대로 차 좌석에 앉은 채 먼저 다리를 차 밖으로 내놓고 나오도록 한다. 계단을 오를 때는 남자가 앞서고 내려올 때는 반대이다.

© Pressmaster

〈레이디 퍼스트와 한국여성〉

　서양 에티켓에서는 "숙녀는 결코 오만불손해서는 안 되며,
언제나 친절, 선의, 품위, 총명, 절도, 예의 등을 갖고, 우아하고
아름답게 행동할 것"을 강조한다. 그러나 한국 여성들 중에는
'레이디 퍼스트' 대접을 받을 때, 오랫동안의 습관 탓으로 친절을
그대로 받아들이지 못하고 우물쭈물 눈치를 살피는 사람이
있기도 하다. 따라서 '레이디 퍼스트' 대접을 받으면 미소를 짓고
"Thank you!" 하면서 가볍게 목례를 하고, 부담 없이 호의를 받는
것이 옳고 자연스러운 반응이다.

상당수의 사람에게는 의전이라는 용어 자체가 낯설고, 설령 이 용어를 알고 있는 의전이라고 하면 통상 지나친 격식, 과도한 형식 등 무언가 불편하고 부정적인 것을 연상하기 마련이다. 하지만 앞서 이야기했듯 자동차의 윤활유와 같이 부분들의 흐름을 잘 연결시켜 주고 전체적인 운행이 조화롭게 진행될 수 있도록 도와주는 것, 그것이 바로 의전의 핵심이다.

의전은 기본적으로 형식에 관한 것이지만, 지나친 형식보다는 흘러가는 바람처럼, 흐르는 물처럼 막힘없이 자연스럽게 행사를 준비하고 진행하는 것이 잘하는 의전이기도 하다. 각국의 다양한 문화적 배경, 관행을 바탕으로 각종 의전 형식이 발전되어 오기는 했지만, 복잡해 보이는 형식을 관통하고 있는 것은 역시 상식이기 때문이다.

의전은 흔히 5R 요소가 있다고 한다. 영어의 앞 글자를 따서 만든 법칙인데 다섯 가지 R요소는 다음과 같다.

- 의전은 상대에 대한 존중(Respect)과 배려(consideration)다.
- 의전은 문화의 반영(Reflecting Culture)이다. 이른바, 로마에 가서는 로마인처럼 행동하라는 의미다.
- 의전은 상호주의(Reciprocity)를 원칙으로 한다.
- 의전은 서열(Rank)이다.
- 오른 쪽(Right)이 상석이다.

주재관 정의 및 현황

주재관이란, 각 전문 분야 별로 재외공관 외교활동을 보좌하기 위해 외교부에서 선발해 파견하는 5급 이상의 국가공무원을 지칭하는 용어이다.

공개 모집을 통해 주재관으로 선발되면 주재관 재임기간(3년) 동안 대한민국을 대표하는 외교관으로서 경제통상, 문화홍보, 자원개발 등 각종 전문 분야의 업무를 수행하게 되며, 주재관 임기를 마치고 나면 원 소속 부처로 복귀하게 된다.

주재관의 주요 업무 분야는 재정경제금융, 국세, 관세, 공정거래, 조달, 산업통상자원, 국토해양, 특허, 환경, 농림축산, 교육과학, 문화홍보, 보건복지·식약, 노동, 경찰, 출입국, 법무·법제, 공공행정·안전, 통일·안보 등 21개 분야로 구분되어 있다.

주재관이 수행하는 업무 내용은 각 공관별, 직위별로 매우 다양하며, 외교수요에 따라 수시로 변화하기 때문에, 각 주재관이 공관에서 수행하여야 할 실제 업무를 알기 위해서는 외교부의 주재관 공개모집 공고 시 첨부되는 '직무수행요건명세서'를 참조하는 것이 보다 정확하다.

2021년 기준 우리나라의 주재관은 전 세계 88개 공관에서 340여명이 근무하고 있으며 해당 년도 기준 주재관의 정원은 다음 표와 같다.

〈대한민국 주재관 현황 (2021년 기준)〉

구분	총계	특정직	일반직				
			소계	고위 공무원단	3,4급	4급	5급
계	346	78	268	31	16	190	31
재정경제금융	20	-	20	7	4	9	-
공정거래	4	-	4	1	-	3	-
국세	9	-	9	-	1	8	-
관세	10	-	10	-	1	9	-
조달	2	-	2	-	-	2	-
산업통상자원	53	-	53	4	2	40	7
특허	6	-	6	-	-	6	-
과학기술 방송 · 정보통신	16	-	16	2	-	14	
농림축산	11	-	11	2	-	9	-
해양수산	8	-	8	1	-	4	3
국토교통	14	-	14	1	1	12	-
교육	8	-	8	1	1	6	-
문화홍보	42	-	42	9	4	28	1
보건복지 · 식약	9	-	9	2	1	6	-
고용노동	7	-	7	-	-	7	-
환경	6	-	6	1	-	5	-
경찰	73	73	-	-	-	-	-
출입국	31	-	31	-	-	12	19
공공행정 · 안전	6	-	6	-	1	4	1
통일 · 안보	6	-	6	-	-	6	-
법무 · 법제	5	5	-	-	-	-	-

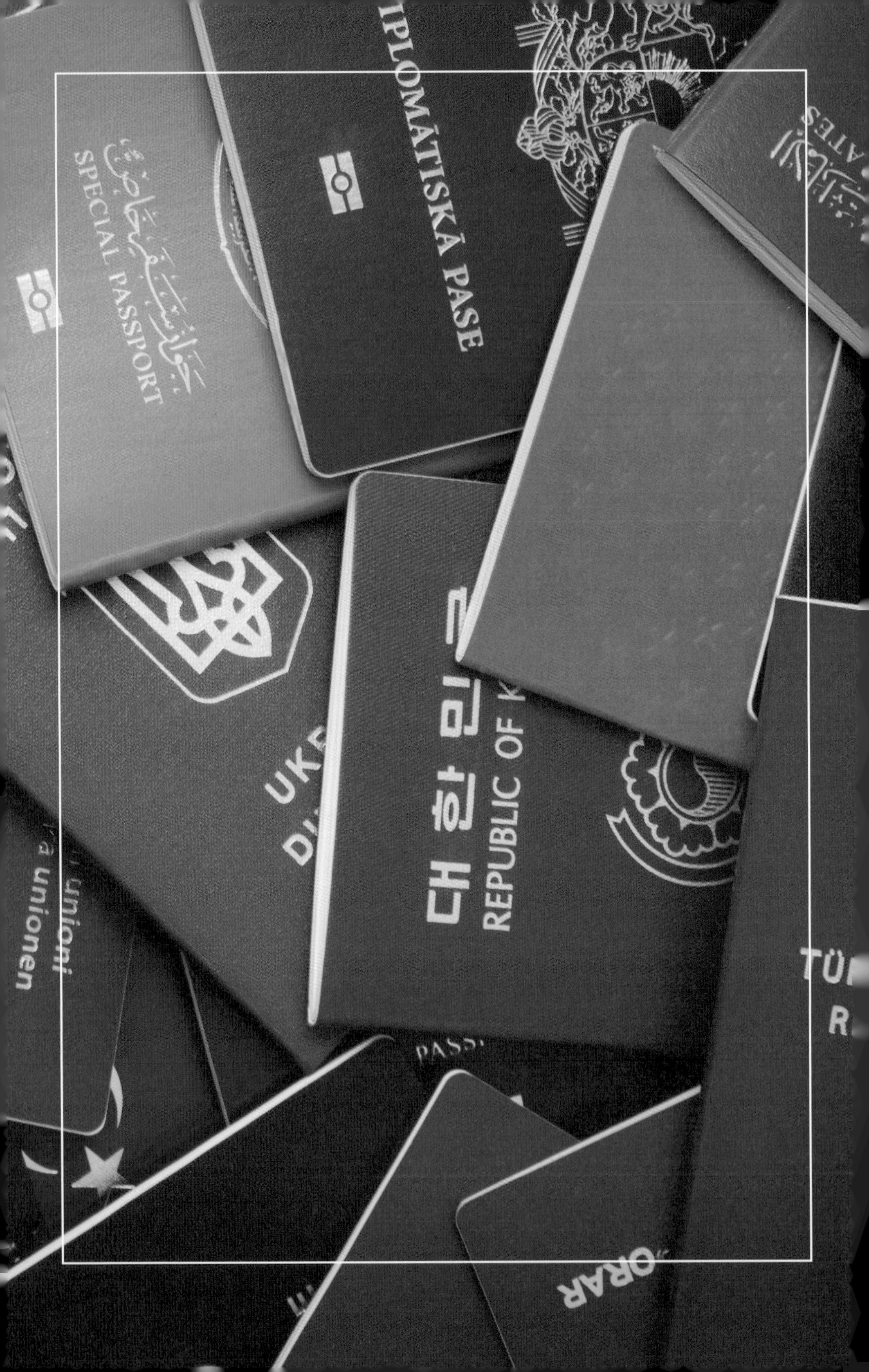
SPECIAL PASSPORT

　그렇다면 이와 같이 활약하고 있는 외교관의 임금은 어느 정도일까. 사실 외교관의 보수는 하는 일의 강도나 노력에 비해서 그다지 많은 돈을 받는다고는 볼 수 없다. 외국으로 파견을 나갈 경우 기타 수당들이 붙게 되면서 월급이 다소 상승하기도 하지만, 어디까지나 기타 수당일 뿐이다.

　외교관이 국내에 있을 경우 초봉은 약 3천만 원 선이며, 개인의 능력에 따라 월 600~700만 원 정도를 받기도 한다. 공식적인 평균 집계로는 약 400만 원 선으로 기록되어 있으나 공무원이라는 직업의 특징상 기타 수당을 더 받기 때문에 정확한 월급은 개인에 따라 차이가 있다.

〈2021년 외무공무원 연봉한계표〉

직무등급	상한액	하한액
5등급	76,610,000원	36,567,000원
6등급	89,744,000원	50,582,000원
7등급	90,324,000원	60,678,000원
8등급	93,279,000원	62,662,000원
9등급	101,568,000원	68,229,000원
10등급	104,912,000원	70,470,000원
11등급	109,253,000원	72,800,000원
12등급	118,214,000원	76,069,000원
13등급	118,214,000원	78,800,000원

공무원 직무 등급에 대한 자세한 설명은 '나의 직업 공무원' 편을 참고해서 해석하도록 하며, 위의 표는 외무공무원의 연봉 한계표로 참고하길 바란다.

일반 행정직 4급에 해당하는 6등급 이하 1등급(9급)까지의 외무공무원은 일반직공무원 봉급규정에 따른 월급을 받는다.

다음의 '일반직공무원과 일반직에 준하는 특정직 및 별정직 공무원 등의 봉급표'를 참고하길 바란다.

※ 외무공무원은 이상의 봉급 이외에 수당을 받는데 자세한 사항은 '나의 직업 공무원' 편을 참고하기 바람

⟨2021년 외무공무원 봉급표(월지급액)⟩

〈단위: 원〉

호봉	6등급 (4급)	5등급 (5급)	4등급 (6급)	3등급 (7급)	2등급 (8급)	1등급 (9급)
1	2,870,000	2,564,700	2,115,800	1,898,700	1,692,800	1,659,500
2	2,987,200	2,668,400	2,214,200	1,985,300	1,775,100	1,682,300
3	3,106,300	2,776,000	2,315,800	2,077,000	1,861,800	1,720,400
4	3,228,200	2,887,800	2,419,500	2,173,400	1,950,300	1,773,600
5	3,351,800	3,002,500	2,526,400	2,273,200	2,042,300	1,842,100
6	3,476,500	3,119,600	2,636,200	2,375,400	2,136,600	1,928,200
7	3,602,400	3,238,500	2,746,300	2,478,300	2,231,200	2,013,800
8	3,728,900	3,358,900	2,856,700	2,581,900	2,322,100	2,096,400
9	3,855,900	3,479,600	2,967,500	2,680,400	2,408,800	2,175,400
10	3,982,600	3,601,200	3,071,400	2,774,400	2,490,800	2,251,400
11	4,110,500	3,714,800	3,170,000	2,863,100	2,570,300	2,324,000
12	4,230,900	3,824,400	3,267,100	2,950,300	2,647,900	2,396,100
13	4,343,500	3,928,400	3,358,400	3,033,000	2,722,500	2,465,200
14	4,448,500	4,025,400	3,444,600	3,112,100	2,793,700	2,532,400
15	4,547,400	4,117,000	3,527,500	3,187,600	2,862,200	2,596,400
16	4,640,700	4,203,200	3,605,100	3,259,100	2,928,300	2,658,500
17	4,727,400	4,284,300	3,679,100	3,327,700	2,990,000	2,719,100
18	4,808,300	4,360,900	3,749,100	3,393,300	3,049,900	2,775,500
19	4,883,900	4,433,000	3,815,600	3,455,100	3,107,300	2,831,100
20	4,954,500	4,500,600	3,878,100	3,513,900	3,162,100	2,884,100
21	5,020,600	4,564,200	3,938,200	3,570,100	3,214,400	2,934,100
22	5,082,500	4,623,900	3,994,800	3,623,100	3,264,600	2,982,000
23	5,140,600	4,680,400	4,047,900	3,674,400	3,312,400	3,027,700
24	5,195,400	4,733,000	4,098,400	3,723,000	3,358,600	3,071,500
25	5,245,500	4,782,900	4,146,600	3,769,100	3,402,300	3,113,400
26	5,287,900	4,829,900	4,192,000	3,813,400	3,444,800	3,151,300
27	5,327,100	4,868,800	4,235,100	3,850,700	3,480,200	3,183,800
28	5,364,500	4,906,100	4,271,300	3,885,500	3,514,200	3,215,200
29		4,940,500	4,305,200	3,919,200	3,546,500	3,245,400
30		4,973,900	4,338,600	3,951,300	3,577,700	3,274,800
31			4,369,600	3,981,500	3,608,000	3,303,700
32			4,398,900			

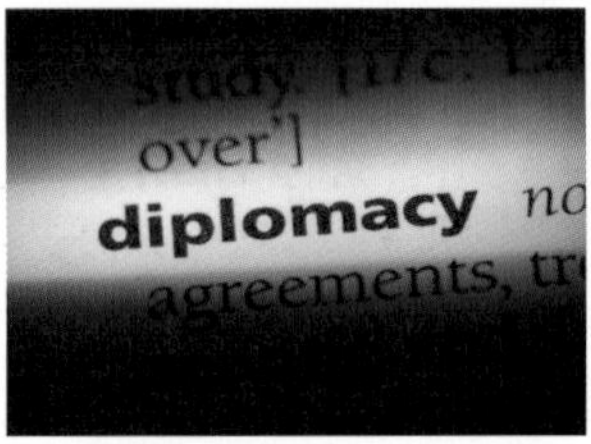
diplomacy

Part Four

Get a Job

외무고시 폐지 후 새롭게 등장한 외교관후보자 선발제도

지난 오랜 시간 동안 외교관이 되기 위해서는 외무고시를 통한 길 뿐이었다. 그러나 제도가 개편되면서 외무고시를 대체하는 시험과 이들을 교육하는 국립외교원의 교육과정으로 외교관이 되는 방법이 전면 바뀌었다.

2013년부터 시행된 이 제도로 뽑힌 합격자 면모를 살펴보자. 안전행정부가 2013년 11월 13일 외무고시를 대체하는 '외교관후보자 선발시험' 최종합격자 43명의 명단을 발표했다. 이들을 교육한 국립외교원은 2013년 12월 17일부터 1년간 신입외교관 교육을 실시했다. 외교부는 성적 하위 4명을 제외한 39명을 외교관으로 임용했다.

결과적으로 합격자는 일반외교 32명, 지역외교 8명, 외교전문

3명이다. 합격자의 58.1%인 25명이 여성이며, 최고 득점자와
최연소 합격자도 여성이었다.

3차에 걸쳐 치른 시험에는 975명이 지원했다. 경쟁률은
21.7대 1이다. 일반외교(60%)는 28.8대 1, 지역외교(20%)는 7.3대
1, 외교 전문분야(20%)는 3.8대 1의 경쟁률을 보였다.

지역외교 5개 직렬(중동/아프리카/중남미/러시아-CIS/아시아)과
외교전문 5개 직렬(군축 및 다자안보/국제통상 및
금융/개발협력/국제법/에너지 · 자원 및 환경)을 모집했으나 외교전문
중 국제법과 에너지·자원 및 환경 2개 분야는 2차에서부터
합격자를 배출하지 못했다.

합격자의 평균 연령은 26.6세로 마지막 외무고시 합격자와
같았고 연령대별로는 26~29세 합격자가 39.5%로 가장 많았다.

여성 합격자 비율 58.1% 역시 마지막 외무고시 59.5%와
비슷한 수준이다.

외무고시와 외교관후보자 선발시험의 차이점을 비교하자면
다음과 같다.

〈외무고시와 외교관 후보자 선발 시험의 비교〉

구분	외무고시	외교관후보자선발시험
선발 방법	일반전형 + 외국어능통자 별도 선발	일반외교, 지역(외국어), 외교전문 함께 선발
교육 기간	4~5개월	1년
임용	교육 후 과락 없으면 임용	성적 하위권은 임용하지 않음

이처럼 선발 방법을 변경한 까닭은 무엇일까. 외교부는 지난 2011년 7월 '국립외교원법' 제정과 '외무공무원법' 개정에 따라 급변하는 국제정세에 능동적으로 대응할 수 있는 역량과 전문성을 겸비한 외교인재를 양성한다는 목적으로 국립외교원을 설립했다. 이에 따라 1968년 시작된 외무고시는 2013년 상반기 선발된 47기를 마지막으로 폐지되었다.

　2013년 국립외교원은 '후보자' 43명을 1년 동안 국비로 교육시키고, 교육이 끝난 후 성적순으로 하위 4명을 탈락시키고 39명을 5급 외교관으로 임용했다. 임용률이 90%에 달해 '후보자'라는 명칭이 무색할 정도였다.

　당시 국립외교원법에 따르면 경쟁력 있는 외교관 양성을 위해 최대 20명, 최대 50%까지 탈락시킬 수 있었다. 외무공무원법에서는 '외교관후보자는 채용인원의 150% 범위 내에서 정한다'고 명시하고 있다.

　애초 정원의 200%를 뽑아 교육시켜야 한다는 안이 있었지만 외교부 측이 "미임용자가 많아질 경우 사회적인 문제가 될 수 있다"고 주장, 국회는 150%로 법을 통과시켰다. 한 전직 외교관은 "외교원 탈락률이 현행 외시 3차 탈락률(15%)에 비해 매우 낮다"며 "굳이 후보자 선발이라는 이름을 붙여야 했을지 의문"이라고 말했다.

　그러나 제도가 생긴지 6년만인 2018년에 임용되는 외교원 5기부터는 무조건 탈락 제도가 사라졌다. 현재는 외무공무원법에서 외교부장관이 정한 기준만 넘으면 외교관으로 임용되도록 하고 있다. 그동안 하위 10% 탈락 규정에 대한 여러가지 논란으로 인해 이렇게 바뀌었는데, 다시 외무고시의 부활이라는 지적도 나오고 있다.

　그동안 외무고시가 계속 논란이 돼온 것은 '2부', '영어 능통자' 등 특별채용전형이 외교관 자녀에게 지나치게 유리하다는 지적 때문이었다. 1997년부터 2003년까지 시행된 '2부 외무고시'는

장기 외국체류경험자를 대상으로 한 제한경쟁시험으로 합격자
중 외교관 자녀가 43%에 달해 '현대판 음서제'라는 비판이 적지
않았다. 음서제란 고려·조선 때 공신 또는 현직 당상관의
자손이나 친척을 과거에 의하지 않고 관리로 채용하는 제도를
가리킨다.

2004년 2부는 폐지됐으나 '영어(외국어) 능통자'라는 새로운
전형이 시작돼 일반전형보다 훨씬 낮은 경쟁률로 외교관이 될 수
있었다. 2부 폐지 이후에도 외교관 자녀 2명이 영어 능통자
전형으로 외교부에 들어갔다.

첫 외교관 후보자 선발시험 합격자 중 외교관 직계가족이
얼마나 되느냐는 질문에 외교부 측에서는 "답할 수 없다"고
대답한 바 있다. 국회 외교통일위원회를 통해 정보를 청구한
언론사들에게도 '개인정보 유출 불가' 입장은 마찬가지였다.
시험을 주관한 안전행정부 측은 "국가시험의 경우 임용 전까지는
출신학교를 밝힐 수 없다"고 답했다.

한 고시컨설팅업체 대표는 "외교관 후보자 시험 특별전형의
경우 외국어와 해외체류 경험이 중요한 만큼 강남이나 부유층
출신이 유리한 것은 당연하다"고 지적했다. 그는 "외교관 자녀가
아닐 시 고등학교-대학교 시절 해외를 누비며 각종 경험을 할 수
있는 20대가 지금 우리나라에서 얼마나 되겠느냐"며 "솔직히
신입 5급 외교관 시험은 우수 인재를 뽑아 교육하기 위한 것인데,
굳이 화려한 경력자를 따로 채용할 이유가 있는지 의문"이라고
말했다.

〈1997년 이후 5급 외교관 선발시험 특별채용 종류〉

연도별	1997~2003 외무고시	2004~2013 외무고시	2013~ 외교관후보자선발시험
특별전형 종류	외무고시 2부	영어능통자전형 외국어능통자전형 (외국어는2010년부터)	지역외교 외교전문가
특별전형 중 외교관 자녀의 수	22명 중 9명	10명중 2명	?

교육을 맡은 국립외교원은 어떤 곳일까. 국립외교원은 외무공무원 교육을 위해 1963년 설립된 외무공무원연수원이 그 모체로, 1965년 연구 기능을 보강하며 외교연구원으로 개편했고 1977년 외교안보연구원으로 확장했다.

외교안보연구원은 2011년 국립외교원법이 제정되면서 2012년 3월에 국립외교원으로 탈바꿈했다.

정부가 46년간 시행했던 외무고시를 폐지하고 새로 도입한 신임 외교관 선발제도는 시작 단계에 있다. 아직 효과에 대해 왈가왈부하기에는 섣부르지만 '새로운 시대적 요구에 부합하는 외교관을 길러낸다'는 원래의 취지에 맞게 제도를 보완하고 교육 준비도 철저히 해야 할 시점이다.

따라서 외교관 후보자 선발제도를 준비하는 학생들 역시 시시각각 바뀌고 있는 제도의 면모를 주의 깊게 살피고, 또 합격자 수기나 국립외교원에서 제공되는 교육과정 및 정보를 잘 살펴볼 필요가 있다.

다음은 2019년 기준 외교관후보자 선발시험에 대한 공지로 몇 가지 중요 사항만을 참고해보자.

(매년 외교관후보자 선발분야와 선발시험 합격인원이 바뀐다.)

■ 제1차 시험에서 각 과목 만점의 40% 이상, 전 과목 총점의 60% 이상 득점하지 못하면 불합격 처리되며, 제2차 시험에서도 각 과목 만점의 40% 이상 득점하지 못하면 불합격 처리된다. 구체적인 합격자 결정 방법 등은 공무원임용시험령 및 관계법령을 참고해야 한다.

  ※ 외교관후보자 선발시험의 지역외교 및 외교전문 분야는 전 과목 총점의 불합격 처리기준은 적용되지 않는다.

■ 외교관후보자 선발시험은 해당 선발분야에 적격자가 없는 경우 선발하지 않을 수 있으며, 합격자는 국립외교원에 입교하여 1년간의 정규과정을 이수하게 되며, 정규과정 수료자들은 외무공무원으로 임용될 예정이다.

■ 「공무원임용령」 제13조의 2 제1항의 임용유예 사유 중 '학업의 계속'을 사유로 한 임용유예는 정부 인력운영 사정상 허용되지 않을 수 있으며, 또한 동 사유로 인한 외교관 후보자선발시험 합격자의 국립외교원 입교 유예는 불가하다.

■ 영어·한국사·외국어능력검정시험 성적 확인 시 필요한 경우에는 성적표 원본 제출 등을 통하여 소명할 수 있어야 하며, 소명 대상자에게는 개별 통지한다. 원본을 제출하지 아니하여 해당 시험기관 확인 결과와 다른 경우에는 불합격 될 수 있다.

■ 면접시험에 응시하고자 하는 자는 반드시 제2차 시험 합격자 발표일에 안내한 기간 내에 사이버국가고시센터 (http://gosi.kr)를 통해 면접등록을 하여야 하며, 등록하지 않은 경우 면접시험에 응시할 수 없다.

〈외교관 후보자 선발예정인원 및 시험과목〉

선발분야		선발 예정인원 (총45명)	임용 예정인원 (총45명)	1차 필기시험(선택형)		2차 필기시험(논문형)	
				필수	선택 또는 지정과목	전공평가	통합논술
일반외교		32명	32명	언어논리영역, 자료해석영역, 상황판단영역, 헌법, 영어, 한국사	독어,불어, 러시아어, 중국어,일어, 스페인어 중 1과목	국제정치학, 국제법, 경제학	학제통합 논술시험 I , 학제통합 논술시험 II
지역 외교	중동	2명	6명	–	아랍어	없음	없음
	아프리카	1명		–	불어		
	중남미	1명		–	스페인어		
	러시아 CIS	2명		–	러시아어		
외교 전문	다자외교	1명	2명	–	없음	없음	없음
	경제외교	1명		–			

1차 필기시험에서 한국사는 한국사능력검정시험, 영어를 포함한 각 나라별 언어시험은 외국어능력검정시험으로 대체한다.

외교관 후보자 교육 과정

외교관 후보자 선발 제도의 교육과정은 기존과 어떻게 다를까.
기존의 외교관 선발이 고시에 바탕을 둔 시험제도였다면, 현재는
아카데미 형태의 캠퍼스 과정으로 변모했다고 할 수 있다.

즉, 일정 기간 동안 외교와 관련한 다양한 정보와 지식을
습득하고, 공부해 점수와 교양을 습득해 나가는 방식이다.

다음은 외교관 후보자의 2019년 훈련 내용이므로 참고하도록
하자.

■ 교육대상 : 국립외교원 외교관 후보자

■ 교육기관 : 50주
  - 학기과정(36주) : 각 학기 12주
  - 학기 외 과정(14주) : 영어집중과정 6주,
    국가공무원인재개발원 합동교육, 현장학습, 자율학습 등

■ 교육인원 : 45명

■ 교육평가 : 공직가치, 전문적 지식, 외교역량 및 외국어 등을
  종합적으로 평가

■ 교육 목표
  - 외교활동의 바탕이 되는 풍부한 인문소양을 갖추고,
    대한민국 외교관으로서의 정체성을 인식하며, 바람직한
    공직 가치관을 함양
  - 외교 사안을 체계적으로 분석하고 파악하기 위해 다양한
    이론적 틀과 도구를 습득 다양한 이론적 틀과 도구를
    활용하여, 당면한 외교 사안에 대해 입체적으로 분석 및
    파악하고, 최적의 전략·정책·대책을 수립하고 실행

■ 과정 특징
 - 과정별 단계적이고 점진적인 학습목표를 설정, 일관성
   있고 체계적인 교육계획 구상
 - 다양한 역량개발 과목을 마련하고, 여타 지식 및 이론 과목
   내 모듈 단위로 역량 요소를 포함, 결합시켜 외교역량
   제고에 기여
 - 토론, 모의협상 등 다양한 학습자 참여적 상호활동을
   중심으로 과목 구성 및 운영
   전문적인 지식 및 이론을 적용 및 활용할 수 있는 케이스
   스터디 중심의 교육과정

■ 교과목 편성(과목 및 시수는 변경될 수 있음)

〈공직소명의식(SOM)분야 과목〉

과목	학기	교수법	시수
공공윤리와 외교관	1	강의실습, 사례연구	12
법적사고와 법체계			12
한국 사회문화	2		12
한국 역사			12
국제정치사상사	3		12

〈전문지식(KAF) 분야 과목〉

과목		학기	교수법	시수
동아시아 역학관계		1	강의실습, 사례연구	24
국제안보				24
지역 이해				24
국제법				24
세계외교사		2		24
강대국 외교정책의 이해				12
글로벌 정치경제와 개발협력				12
글로벌 거버넌스 외교				12
국제경제법				24
지역분야 (선택)	중동			24
	아프리카			24
	중남미			24
	러시아/CIS			24
	아시아(동남아)			24
	EU			24
대한민국 외교 및 외교사		3		24
북한문제				12
공공외교				12
지역통합				12
전문분야 (선택)	군축 및 다자안보			24
	에너지 · 자원 및 안보			24
	국제통상 및 금융			24
	개발협력			24
	국제법			24

<외교역량(CNN)분야 과목>

과목	학기	교수법	시수
외교협상의 기초	1	강의실습, 사례연구	24
행정과 외교			24
커뮤니케이션과 네트워킹(1)			12
문서의 이해			12
외교역량의 실제	2		24
외교부 조직 및 행정의 이해			12
커뮤니케이션과 네트워킹(2)			12
문서 작성 실습(1)			12
협상 및 외교역량 종합연습	3		24
공관업무 연습			12
커뮤니케이션과 네트워킹(3)			12
문서 작성 실습(2)			12

<외국어(FLD) 분야 과목>

과목		학기	교수법	시수
영어집중과정		학기 외	강의실습	150
제2외국어 (선택)	독일어	전학기	강의실습	72
	러시아어			
	말레이-인도네시아어			
	스페인어			
	아랍어			
	일본어			
	중국어			
	프랑스어			

　해외주재관은「재외공무원 복무규정」에 따라 해당 공관장의
지휘·감독 하에 근무하도록 규정되어 있다. 또한 규정에 따라
국가기밀 엄수, 품위 유지 등의 의무를 지니고 있으며 주재관도
외무공무원과 같이 외교관 대외직명을 사용한다.
　주재관이 부여받게 되는 대외직명은 앞서 언급한 대로
대사관은 공사, 공사참사관, 참사관, 1등서기관, 2등서기관,
3등서기관 등이 있으며, 총영사관은 영사, 부영사 등이 있다.
　그렇다면 주재관은 어떤 자격을 갖춘 사람들에게 지원 기회가
주어지며 또 어떤 선발과정을 거치게 될까.

주재관 지원 대상 및 경력 요건

주재관 지원자는 중앙 행정부처 소속 국가공무원이어야
한다.(다만, 문화원장은 민간인도 지원할 수 있는 개방형 직위로 되어
있다.) 구체적인 지원 자격은 '주재관 공개 모집 공고'에 게재된
'임용자격요건'을 잘 살펴보아야 한다. 주재관의 직급은 5급에서
고위공무원단까지 다양한데 해당 직위의 공무원 경력 요건을
충족해야 지원이 가능하다.

※ 국회 등 헌법기관 공무원과 군인 및 군무원은 지방공무원은 별도의
　파견제도가 있으므로 지원대상에서 제외된다.

〈지원 분야〉

외교부는 '개방과 경쟁'을 통한 유능한 인재의 선발, 적재적소
배치 및 외교역량 강화를 위하여 지난 2006년 주재관 지원
분야에 대한 부처 간 벽을 허물었다. 따라서 경력, 학력 등을 통해
해당 분야 업무 수행 능력을 갖춘 국가공무원이라면 어떤 분야의
주재관에도 지원할 수 있다.

<〈 외국어 요건〉

주재관 지원자는 서류 접수 시 일정 수준의 어학 성적을
제출해야 하며 그 기준은 다음과 같다.

- TEPS S&W(구TEPS S&W)급 및 SNULT 70점 이상도 인정
- 신 HSK 5급 195점 이상
- 신 JLPT N1(100점)이상
- 비고 : 어학성적은 원서 접수마감일 현재 유효한 것에
  한하되, 유효기간이 없는 일부 시험의 경우 검정일로부터
  10년을 초과할 수 없음.
- 검정외국어 및 면제대상 관련 상세사항은 아래 '어학성적
  제출요건의 면제' 참조
- 어학성적 제출 요건의 면제가 가능한 경우
  - 과거 재외공관 주재관으로 근무한 경력이 있는 자가 그
    당시 사용 언어와 동일한 외국어 검정을 받게 되는 경우
  - 1년 6개월 이상 국외에서 검정 대상 외국어연수를 받거나,
    검정 대상 외국어와 동일한 언어 사용 지역에서 학사학위

〈외국어 검정 기준 (외국어등급대비표의 '다등급(5등급)' 이상)〉

구분	외교안보 연구원	외국어대 어학검정	TOEFL (CBT)	TOEIC	TEPS	LATT
5등급	5급 이상	70(725)점 이상	227점 이상	790점 이상	700점 이상	70점 이상
구분	중국어 HSK	일본어능력 시험 1급	프랑스어 DALF/ DELF	스페인어 DELE중급	러시아어 토르플	독일어 괴테어 학원 평가
5등급	7급	280점 이상	DELF B1	60점 이상	기본단계	B2

이상을 취득한 경우

- 과거 외교부소속 공무원으로 근무경력이 있는 자로, 검정
  대상 외국어능력검정 5급 이상을 소지하고 있는 경우
- 검정 대상 외국어 사용 국제기구에 1년 6개월 이상
  파견근무한 경험이 있는 경우

주재관 선발의 심사는 크게 다음과 같은 절차를 거치게 된다.

선발공고를 보고 지원 -> 서류와 면접 심사 -> 선발
-> 교육 -> 임용 및 부임

또한 매년 상·하반기 두 차례 정기적으로 공개모집을 하며,
선발규모는 40~50개 직위다. 조기 귀임 등으로 공석이 생기는
직위의 경우에는 수시 모집을 하기도 한다. 공개 모집 응시자를
대상으로 서류 및 면접심사를 통해 주재관을 선발하며
주재관으로 선발되면 국립외교원에서 실시하는 주재관 교육을
이수한 후 재외공관에 부임하게 된다.

해외주재관 선발 방법

■ 지원 방법

　주재관 선발심사 최소 1달 전부터 외교부 및 안정행정부
홈페이지 등에 공모예정인 주재관의 직위와 직무내용,
직무수행요건, 선발심사 일시 및 장소, 제출서류 등 공모와
관련된 모든 사항을 공고문 형식으로 게재하게 된다. 공고문에
나와 있는 공모 대상 직위와 직무 수행 요건 등을 자세히
살펴보고 관심 있는 직위가 있는 경우, 제출서류를 양식에
맞추어 충실하게 작성하여 정해진 기간 내에 외교부(인사과
인사제도팀)에 제출하면 된다.

■ 서류, 면접심사

　주재관 선발심사는 서류심사와 면접심사로 나누어진다.
　(필기시험 없음)
서류심사에서는 기본 응모 자격을 확인하여 탈락 여부만을
결정하며, 요건이 모두 충족되는 경우 면접심사를 통해
지원자의 역량을 평가한다. 선발심사위원회가 면접심사를
실시하며 면접심사에서 최고점을 받은 자가 주재관으로
선발된다.
심사를 담당하는 선발심사위원회는 대략 7~8명으로 구성된다.
외교부 차관이 위원장을, 외교부 고위 공무원 1명, 행정안정부
고위공무원 1명, 기획재정부 고위공무원 1명, 업무 관련 부처
고위공무원 1명이 정부위원을 맡게 되며, 업무분야 전문가 1명,
외교역량전문가 1명, 어학 전문가 1명이 민간위원 자격을
가지고 위원회를 구성한다.
선발심사위원장은 선발심사를 주재하며, 동점자가 발생했을
경우에만 최종결정권을 행사한다. 또 지원자 중 1명 이상이
선발심사위원과 동일 부처 소속인 경우, 해당 심사위원은 채점
과정에 참여할 수 없으며, 참관인 자격으로 참석할 수 있다.(단,
지원자 전원이 동일 부처 소속인 경우 심사 가능)

▲ 해외 주재관으로 외교 업무하는 모습

〈면접 심사 채점 요소 및 배점〉

전문가적
능력 (40점)
	- 수행 예정 업무에 대한 경력 및 전문지식
	- 수행 예정 업무와 관련하여 새로운 지식 및 정보의 수집 분석
	  능력
	- 복잡한 상황에서 핵심적인 이슈와 필요사항들을 개념화하고
	  종합 분석하여 행동방안을 제시하고, 실행 가능한 최적의 대안을
	  판단해내는 능력

외교역량 (20점)	- 낯선 인물, 상황, 문화 등에 적응하여 개방적이고 우호적인
	  분위기를 이끌어 낼 수 있는 능력
	- 이해관계가 상반되는 사안을 주재국 정부와의 협상으로 우리
	  측에게 유리한 결과를 도출하는 능력
	- 다양한 위기 가능성에 대해 사전에 충분히 대비하고, 위기상황
	  발생 시 제한된 자원과 정보를 적극 활용하여 국익과 재외국민
	  보호를 위해 신속 대응하고 지속 관리하는 능력

재외공무원 복무자세 (20점)	- 투철한 사명감, 국가관 등 공직자세 - 재외공관 인화를 도모할 수 있는 기본적 성품 청렴성, 준법성 등
어학능력 (20점)	- 영어 또는 제2외국어(현지어) 회화 구사 능력

03 다른 나라의 외교관 선발 방법

사실 오늘날과 같이 국가경쟁력 향상으로 이어지는 큰 외교적 성과가 있기까지는 국가 간 치열한 외교 전쟁과 전략상의 경쟁, 그리고 그 경쟁에서 승리하기 위한 정부 등 관련 부처·기관의 열정적인 전략 수립과 노력이 있었다는 것을 기억해야 한다.

환태평양 경제협력, 글로벌 녹색성장과 핵확산 방지 등 앞으로도 우리나라의 외교력을 결집하여 우리가 주도하면서 해결해야 할 국제사회의 문제들은 무궁무진하다. 사회가 다양화되어가는 만큼 국제사회와 법 역시 새로운 가치의 등장으로 인해 새로운 대응, 보다 성숙한 의식이 요구되고 있어 이에 외교관의 역할 역시 막중해지고 있다.

따라서 국익을 위해 일하는 '외교관'이야말로 넓은 시야, 최고의 역량, 그리고 전문능력을 갖추어야 한다.

그렇다면, 국가의 입장에서는 훌륭한 자질과 능력을 갖춘 외교관을 선발하는 것이 정말 중요하지 않을까? 이에 외교관이 되면 만나게 될 주요 국가들은 어떤 과정을 거쳐 외교관을 선발하는지에 대해서 살펴보도록 하자.

〈미국〉

우리의 우호적인 관계를 맺고 있는 동맹국 미국의 경우
대부분의 나라와 마찬가지로 특채와 공채를 함께 운영하고 있다.
미국에서는 외교관을 FSO(Foreign Service Officer)라고 부르기도
한다.

먼저 FSE(Foreign Service Exam)라고 불리는 시험을 통과해야
한다. FSE는 필기, 인터뷰, 그리고 모의 협상 시험으로 이루어져
있는데, 1차 합격자들의 8%만이 2차 합격의 영광을 누릴 수 있을
만큼 극소수의 합격률을 자랑하는 엄격한 시험이다.

합격한 뒤에는 우리나라 국립외교원에 해당하는 'Department
of State's National Foreign Affairs Training Center'에서 10주간
훈련을 받게 된다. 이 과정에서, 배치될 국가에 대한 정보와
외국어를 공부한다.

미국 정부에서 운영하는 외교센터에는 '외교관으로 최종
선발되는 것이 하버드대학에 입학하는 것보다 더 힘들다'고
자신들을 소개하고도 있다.

〈영국〉

영국의 외교관 채용은 엘리트식 선발이라고 할 수 있다. 반드시
대학을 졸업해야 지원할 수 있는데, 중견관리직의 경우 논리력,
수리력, 위기대응능력 등을 종합적으로 평가하는 시험을 보아야
한다.

시험 성적과 대학 학점을 통해 1차 합격자를 선별하고, 최종
합격을 위해 프리젠테이션과 심층면접으로 구성된 2차 전형을
통과해야 할 만큼 까다롭긴 마찬가지이다.

영국 외교관은 특채로 경제, 어학, 회계 등 다양한 분야의
전문가를 충원하기도 하는데, 자질과 능력을 아주 엄정하게
선발하기로 유명하다.

〈프랑스〉

유럽 문화의 중심지인 프랑스의 경우엔 어떨까. 프랑스 외교관이 되기 위해서는 Concours National(콩쿠르 나시오날)로 불리는 국가고시를 통과해야 한다. 일반적으로 매년 1회 시행되는 이 국가고시가 외교관 채용의 주요 방식이다. 다른 국가와 달리 이 국가고시는 Category A, Category B, Category C로 세 분류로 나누어 실시된다는 점이 특이할만한 점이다.

카테고리 A에서는 정무와 경제 분야, 카테고리 B에서는 영사, 행정, 예산 분야의 외교관을 뽑는다. 카테고리 C는 우리의 주무관처럼 외교부와 공관의 총무 내지 행정 업무를 수행하는 직원을 뽑는데, 통상적으로 외교관으로 불리지는 않는다.

1차 시험에서 주로 일반상식, 국제시사, 국제경제, 지역학, 영어, 제2외국어를 보고 2차 논술시험에서는 다른 나라와 마찬가지로 경제학, 유럽지역학 등을 구술로 평가하는데, 이 어려운 시험을 통과하더라도 약 4개월간 세미나, 토론, 협상, 팀워크 활동 등 심층적인 신입 외교관 교육을 받아야 외교관으로서 실전에 투입될 수 있다고 한다.

교육 과정 중에는 유럽지역학, 프랑스-독일 관계 등 프랑스 주변의 지역 정세에 대응하는 외교 전략을 중점적으로 배우는 것이 다른 국가와 차별화된 외교관 양성 과정이라고 할 수 있다.

〈일본〉

우리나라의 외교사와 가까운 주변국을 얘기할 때 빠질 수 없는 나라가 바로 일본일 것이다. 최근 일본과는 외교적으로 안타까운 일들이 많이 생기고 있다. 하지만 동아시아가 영토 분쟁, 역사 인식 문제와 우경화 문제 등을 둘러싼 고질적 갈등 관계를 잘 극복하고, 상호 존중과 배려가 넘치는 희망의 미래로 나아가야 할 책무가 있는 관계가 바로 우리나라와 일본이다.

이를 위해서는 일본을 잘 알아야 되고. 이런 점에서 일본의 외교관은 어떻게 선발되는지를 알아보는 것은 무척 의미 있는 일일 것이다.

일본의 외교관 선발 방식 중 가장 눈에 띄는 점은 외교관선발시험이 따로 없다는 점이다. 2000년까지 일본은 우리나라의 종전 제도인 외무고시에 해당하는 외무공무원 1종 시험을 통해 외교관을 선발해 왔다. 그러나 2001년부터 국가 1종 시험(법률직)에 외무성 공무원을 통합하여 선발하게 되었다.

일본의 공직 체계는 다른 국가와 비교해 볼 때 상대적으로 높은 폐쇄성을 보이고 있고, 승진의 완전 보장(캐리어 시스템), 전관예우(아마쿠다리), 관직 세습과 같이 바람직하지 않은 관행이 아직까지 많이 남아있다.

특히 외무성과 같은 인기 부처에서 이러한 문제가 더 심각하게 나타나면서, 통합된 시험을 통해 공직자를 채용한 뒤 부처별 연수를 통해 전문성을 높이는 방향으로 선발 방식이 변경되었다고 한다.

국가공무원 1종 시험은 2012년 국가공무원 종합직 시험으로 명칭이 다시 변경되었다. 제1차 시험에서 기초능력시험으로 한국의 PSAT와 마찬가지로 공직자에게 필요한 기초적인 능력(지능 분야, 문장 이해, 판단, 수적 추리, 자연, 인문, 사회 등)을 평가한다.

제1차 시험을 통과하면, 제2차 시험에서는 주관식 전문시험(정치/국제, 법률, 경제 구분 3문항 4시간)과 정책 논문시험(1문항 2시간), 인물 시험(인품, 대인 관계 능력을 평가하는 개별 면접)을 통해 최종 합격자를 가려내게 된다.

그러나 일본도 시험의 합격이 끝은 아니다. 종합직 시험에 최종 합격하게 되면 그 합격자는 자신이 일하고 싶은 관청에 방문해 인사원 면접을 거쳐야 최종 채용이 결정된다.

2차 시험 합격자의 1/3 정도만 최종 채용된다고 할 정도이니 입직과정은 역시 다른 국가들과 마찬가지로 엄격하다.

따라서 외교관이 되기 위해서는 이 과정에서 외무성에 채용되어야 하는데, 가장 인기 있는 부처인 재무부나 외무성에 합격하기 위해서는 종합직 시험을 최고 수준의 성적으로 합격해야 한다고 한다.

이와 같이 까다로운 시험과 높은 진입장벽으로 인해 일본관직은 '선발 따로, 채용 따로'라는 말이 생길 정도이다.

▲ 일본 외무성 건물 전경(우리나라 외교부와 같은 부처)

　지금까지 미국, 영국, 프랑스, 우리나라 그리고 일본의 외교관 선발 방식에 대해 알아보았다. 미국에서는 외교관을 선발할 때 외국어 능력보다는 다른 국가와의 협상 능력을 더 중점적으로 평가했고, 프랑스는 프랑스-독일 관계와 같이 주변 지역 외교와 관련된 전문 지식을 심층적으로 평가하고 교육하는 것이 인상적이라고 할 수 있다.

　또한 일본은 외교관 연수 과정에서 국제주의와 상황주의라는 일본 특유의 외교 전략을 이어나가기 위한 교육 방식을 고수하고 있다는 것을 알 수 있었다.

　이와 같이 각 나라별 선발 방식마다 중점적으로 평가되는 외교관 후보자의 능력이나 자질이 조금씩 다르다는 것을 기억할 필요가 있다. 각 나라마다 외교관 선발, 채용 방식은 조금씩 다르겠지만 단순한 학문적 능력을 갖춘 것에서 더 나아가 전문적·실무적 능력이 중요해지고 있다는 것과 외교관의 막중한 임무만큼이나 외교관이 되기 위한 경쟁은 참 치열하다는 점은 대부분의 국가에서 유사하다는 것을 알 수 있다.

외무공무원법

제1조(목적)

이 법은 외무공무원의 직무 및 책임의 중요성과 신분 및 근무조건의 특수성에 비추어 그 자격, 임용, 교육훈련, 복무, 보수 및 신분보장 등에 관하여 「국가공무원법」에 대한 특례를 규정함을 목적으로 한다.

제2조(외무공무원의 직렬 구분)

① 외무공무원 중 대통령령으로 정하는 참사관급 이상의 직위는 직렬을 구분하지 아니하며, 그 외의 직위는 직무의 종류에 따라 직렬을 다음 각 호와 같이 구분한다.

　1. 외교통상직렬

　2. 외무영사직렬

　3. 외교정보기술직렬

② 제1항 각 호에 따른 각 직렬별 주요 직무의 종류는 다음 각 호와 같다.

　1. 외교통상직렬: 외교 · 통상 업무

　2. 외무영사직렬: 영사 업무

　3. 외교정보기술직렬: 외교정보 관리 및 통신 업무

③ 제2항에 따른 각 직렬별 주요 직무의 종류 외의 직무에 관하여 필요한 사항은 대통령령으로 정한다.

제2조의2(고위공무원단에 속하는 외무공무원)

① 외교부와 그 소속 기관의 대통령령으로 정하는 공사급 이상 직위(이하 "고위공무원단 직위"라 한다)에 임용되어 재직 중이거나 파견 · 휴직 등으로 인사관리되고 있는 외무공무원은 「국가공무원법」 제2조의2제2항의 고위공무원단에 속한다. 다만, 그 직무의 중요도 및 특수성 등으로 인하여 대통령령으로 정하는 일부 직위는 고위공무원단 직위에 속하지 아니한다.

② 외교부장관은 고위공무원단 직위에 임용될 공무원이 갖추어야 할 능력과 자질을 설정 · 평가하여 신규채용, 고위공무원단 직위로의 최초 보직 등의 인사관리에 활용할 수 있다.

③ 외교부장관은 고위공무원단 직위로의 최초 보직을 위하여는 대통령령으로 정하는 자격 · 경력 등을 갖춘 대상자를 선정하여 제13조의2제1항에 따른 자격심사 및 「국가공무원법」 제28조의6제3항에 따른 심사를 거쳐 임용을 제청하여야 한다.

④ 제1항에 따른 인사관리의 구체적인 범위, 제2항에 따른 능력과 자질의 내용, 평가대상자의 범위, 평가방법 및 평가결과의 활용에 관하여 필요한 사항은 외무공무원의 특수성을 고려하여 대통령령으로 정한다.

⑤ 이 법에서 규정한 사항 외에 외무공무원에 대하여 「국가공무원법」 중 고위공무원단에 관한 규정을 적용할 때에는 "고위공무원단 직위로의 승진임용"은 "고위공무원단 직위로의 최초 보직"으로 본다.

제3조(임용권자)

① 외교부장관은 외교부 및 그 소속 기관 외무공무원의 신규채용 · 보직 · 전직 · 겸임 · 파견 · 휴직 · 직위해제 · 정직 · 강등 · 복직 · 면직 · 해임 및 파면(이하 "임용"이라 한다)을 한다. 다만, 다음 각 호의 어느 하나에 해당하는 경우에는 외교부장관의 제청으로 대통령이 임용 등을 한다.

　1. 외교부 및 그 소속 기관의 대통령령으로 정하는 참사관급 직위 이상 외무공무원의 신규채용 · 파면 · 면직 및 해임

　2. 특명전권대사와 대통령령으로 정하는 외교부 및 그 소속 기관(재외공관은 제외한다)의 실장급 이상 직위에의 보직(그 직무로부터 면하게 하는 행위를 포함한다), 그 직위에 재직 중인 사람의 휴직 · 직위해제 · 정직 · 강등 및 이에 따른 복직

　3. 특임공관장의 임용

　4. 고위공무원단 직위로의 최초 보직

② 외교부장관은 그 임용권의 일부를 대통령령으로 정하는 바에 따라 그 소속 기관의 장에게 위임할 수 있다.

제4조(특임공관장)
① 외교업무 수행에 필요한 경우 특별히 재외공관의 장으로 보하기 위하여 외교관으로서의 자질과 능력을 갖춘 사람을 특임공관장으로 임용할 수 있다.
② 특임공관장으로 임용된 사람에 대하여는 외무공무원에 관한 규정을 준용한다. 다만, 제10조부터 제13조까지, 제13조의2부터 제13조의4까지, 제14조부터 제16조까지, 제23조, 제24조, 제26조제2항·제4항·제7항, 제27조 및 「국가공무원법」 제28조의6제3항은 적용하지 아니한다.
③ 특임공관장은 임용과 동시에 재외공관의 장으로 발령한다.
④ 특임공관장은 재외공관의 장의 직위에서 면한 후 60일이 되는 날에 퇴직한다.

제5조(외무공무원의 임무)
외무공무원은 대외적으로 국가의 이익을 보호·신장하고, 외국과의 우호·경제·문화 관계를 증진하며, 재외국민을 보호·육성하는 것을 그 임무로 한다.

제6조(외무공무원의 대외직명)
재외공관에 보직되거나 대외활동 또는 특정한 업무를 수행하는 외무공무원이 사용할 대외직명은 특명전권대사, 대사, 공사, 공사참사관, 참사관, 1등서기관, 2등서기관, 3등서기관, 총영사, 부총영사, 영사, 부영사 등으로 하며(특정한 업무를 수행하는 외무공무원은 대외직명으로 특명전권대사를 사용할 수 없다), 특명전권대사를 제외한 대외직명은 대통령령으로 정하는 바에 따라 외교부장관이 부여한다.

제7조(외무인사위원회의 설치)
① 외무공무원의 인사에 관한 중요사항을 심의하기 위하여 외교부에 외무인사위원회를 둔다.
② 외무인사위원회는 제1외무인사위원회 및 제2외무인사위원회로 구성하며, 각각의 외무인사위원회는 7명 이상의 위원으로 구성한다.
③ 외무인사위원회의 구성 및 운영 등에 필요한 사항은 대통령령으로 정한다.

제8조(외무인사위원회의 기능)
① 제1외무인사위원회는 대통령령으로 정하는 바에 따라 다음 각 호의 사항을 심의하고, 외교부장관에게 건의하거나 추천한다.
  1. 외무공무원의 인사행정에 관한 방침·기준 및 기본계획
  2. 외무공무원의 인사 관련 법령의 제정·개정 또는 폐지에 관한 사항
  3. 외무공무원의 채용·전직·보직 및 상훈
  4. 그 밖에 외교부장관이 외무인사위원회의 회의에 부치는 사항

② 제2외무인사위원회는 대통령령으로 정하는 참사관급 미만의 직위의 인사에 관한 사항 중 제1외무인사위원회가 위임한 사항을 심의하고, 외교부장관에게 건의하거나 추천한다.

③ 외교부장관은 특별한 사유가 없으면 외무인사위원회의 의견을 존중하여야 한다.

제9조(임용자격 및 결격사유)

① 외무공무원은 국가관과 사명감이 투철하고 그 직무 수행에 필요한 자질과 적성을 갖춘 사람 중에서 임용한다.

② 다음 각 호의 어느 하나에 해당하는 사람은 외무공무원으로 임용될 수 없다.

  1. 「국가공무원법」 제33조 각 호의 어느 하나에 해당하는 사람

  2. 대한민국 국적을 가지지 아니한 사람

제9조의2(근무기간을 정하여 임용하는 외무공무원)

① 임용권자는 전문지식·기술이 요구되거나 임용관리에 특수성이 요구되는 업무를 담당하게 하기 위하여 일정기간을 정하여 근무하는 외무공무원(이하 "임기제 외무공무원"이라 한다)을 임용할 수 있다.

② 임기제 외무공무원에 대해서는 제12조 및 제27조를 적용하지 아니한다.

③ 임기제 외무공무원의 임용요건, 임용절차, 근무상한연령 및 그 밖에 필요한 사항은 대통령령으로 정한다.

제10조(신규채용)

① 외무공무원은 공개경쟁 채용시험으로 신규채용한다. 다만, 대통령령으로 정하는 직무등급의 외무공무원은 공개경쟁 시험에 의하여 선발된 사람(이하 "외교관후보자"라 한다)으로서 「국립외교원법」 제6조제1항에 따른 정규과정을 마친 사람 중에서 채용한다.

② 외교관후보자 수는 제1항 단서에 따라 채용할 인원의 150퍼센트 범위 내에서 외교부장관이 안전행정부장관과 협의하여 정한다.

③ 제1항에도 불구하고 다음 각 호의 어느 하나에 해당하는 경우에는 경력 등 응시요건을 정하여 같은 사유에 해당하는 다수인을 대상으로 경쟁의 방법으로 채용하는 시험(이하 "경력경쟁채용시험"이라 한다)으로 외무공무원을 채용할 수 있다. 다만, 다수인을 대상으로 시험을 실시하는 것이 적당하지 아니하여 대통령령으로 정하는 경우에는 다수인을 대상으로 하지 아니한 시험으로 외무공무원을 채용할 수 있다.

  1. 퇴직한 외무공무원을 퇴직한 날부터 3년 이내에 외무공무원으로 재임용(대통령령으로 정하는 참사관급 미만의 직위에서 퇴직한 외무공무원의 경우 퇴직 시 직렬의 외무공무원으로 재임용)하는 경우

  2. 임용예정 직위에 상응하는 근무 또는 연구 실적이 3년 이상인 사람(고위공무원단에 속하는 일반직공무원은 제외한다)을 채용하는 경우

  3. 임용예정 직위의 직무와 관련된 자격증 소지자 또는 특수외국어에 능통한 사람을 채용하는 경우

④ 외무공무원을 신규채용할 때 능력·학력·경력 및 연령 등의 응시자격, 제1항 단서에 따른 외교관후보자의 선발 및 외무공무원의 채용기준, 제3항에 따라 경력경쟁채용시험으로 채용할 수 있는 직렬·직위 등에 관하여 필요한 사항은 대통령령으로 정한다.

⑤ 제1항 본문에 따른 외무공무원의 공개경쟁 채용시험과 제1항 단서에 따른 외교관후보자의 선발시험은 외교부장관의 요구에 따라 안전행정부장관이 실시한다.

⑥ 외교부장관은 대통령령으로 정하는 바에 따라 제3항에 따른 경력경쟁채용시험의 전부 또는 일부를 안전행정부장관에게 위탁하여 실시할 수 있고, 제3항제2호에 따라 경력경쟁채용시험으로 채용하는 경우에는 대통령령으로 정하는 바에 따라 채용시험의 전부 또는 일부를 면제할 수 있다.

제11조(시보 임용 및 채용후보자 명부)

① 외무공무원(제3조제1항제1호에 따른 직위 이상의 직위에 보직되는 사람의 경우는 제외한다. 이하 이 조에서 같다)을 신규채용하는 경우 외교통상직렬 외무공무원(이하 "외교통상직공무원"이라 한다)은 1년, 외무영사직렬 외무공무원(이하 "영사직공무원"이라 한다)과 외교정보기술직렬 외무공무원(이하 "외교정보기술직공무원"이라 한다)은 6개월 동안 시보로 임용하고, 그 기간 중 근무성적이 양호하면 정규공무원으로 임용한다. 다만, 대통령령으로 정하는 경우에는 시보 임용을 면제하거나 그 기간을 단축할 수 있다.

② 휴직한 기간, 직위해제 기간 및 징계에 따른 정직이나 감봉 처분을 받은 기간은 제1항의 시보 임용 기간에 넣어 계산하지 아니한다.

③ 시보 임용 기간에 있는 외무공무원이 근무성적이나 교육훈련 성적이 나쁜 경우에는 제23조와 「국가공무원법」 제70조에도 불구하고 면직시키거나 면직을 제청할 수 있다.

④ 외교통상직공무원의 채용후보자 명부의 유효기간은 5년으로 하고, 영사직공무원 및 외교정보기술직공무원의 채용후보자 명부의 유효기간은 각각 3년으로 한다.

제12조(전직)

① 외교통상직공무원, 영사직공무원 및 외교정보기술직공무원은 대통령령으로 정하는 바에 따라 전직할 수 있다.

② 제1항에 따른 전직은 시험을 거쳐야 하며, 응시자격이나 그 밖에 필요한 사항은 대통령령으로 정한다.

제13조(보직관리의 원칙)

① 외무공무원의 직위는 인사평정 결과, 관련 분야 근무경력 및 외국어능력 등을 종합적으로 고려하여 부여한다.

② 외무공무원의 직위 부여는 대통령령으로 정하는 직위를 제외하고는 외교부와 그 소속 기관의 공무원을 대상으로 하는 직위공모의 방식(이하 "직위공모제"라 한다)으로 한다.

③ 직위공모제를 시행할 때 제7조에 따른 외무인사위원회는 대통령령으로 정하는 바에 따라

보직후보자를 외교부장관에게 추천하며, 외교부장관은 추천된 보직후보자 중에서 최적임자를 선정하여 해당 직위를 부여한다. 다만, 응모자 또는 추천된 사람이 없는 직위에는 외교부장관이 적임자로 판단하는 사람을 보할 수 있다.

④ 제2항 및 제3항에서 규정한 사항 외에 직위공모제의 운영에 관한 기준 및 절차 등에 관하여 필요한 사항은 대통령령으로 정한다.

제13조의2(외무공무원 자격심사)
① 외교부 및 그 소속 기관의 대통령령으로 정하는 참사관급 이상의 직위 및 고위공무원단 직위에 최초로 임용될 사람은 임용되기 전에 자격심사를 받아야 하며, 자격심사 결과 부적격 결정을 받은 사람은 그 직위에 임용될 수 없다.

② 제1항에 따른 자격심사를 위하여 외교부에 7명 이상 15명 이하의 위원으로 구성된 외무공무원 자격심사위원회를 둔다.

③ 외무공무원 자격심사위원회는 심사대상자의 교섭능력, 업무수행능력, 지도력 등을 종합적으로 고려하여 적격 여부를 심사한다.

④ 제1항에 따른 자격심사의 응시횟수는 5회의 범위에서 제한할 수 있다.

⑤ 제4항에 따라 자격심사의 응시가 제한된 자는 10년의 범위에서 일정한 기간이 지난 후에 다시 자격심사에 응시할 수 있다.

⑥ 제1항부터 제5항까지의 규정에 따른 자격심사의 요소·시기 및 심사방법, 외무공무원 자격심사위원회의 구성 및 운영, 자격심사의 응시횟수 제한, 재응시 제한 기간 등에 필요한 사항은 대통령령으로 정한다.

제13조의3(개방형 직위)
① 외교부장관은 외교부와 그 소속 기관의 직위(재외공관의 장의 직위는 제외한다) 중 전문성이 특히 요구되거나 외교 업무의 효율적 수행을 위하여 필요하다고 판단되어 공직 내부 또는 외부에서 적격자를 임용할 필요가 있는 직위는 개방형 직위로 지정하여 운영할 수 있다. 다만, 「정부조직법」 등 조직 관계 법령에 따라 고위공무원단 직위 중 「국가공무원법」 제26조의5에 따른 임기제공무원으로도 보할 수 있는 직위는 개방형 직위로 본다.

② 개방형 직위의 운영 등에 필요한 사항은 대통령령으로 정한다.

제13조의4(인사교류)
① 외교부장관은 「국가공무원법」 제32조의2에도 불구하고 외교업무의 수요, 외교정책의 효율적 수립 및 집행의 필요성 등을 고려하여 외교부와 그 소속 기관의 고위공무원단 직위(재외공관의 장은 제외한다)에 대하여 다른 중앙행정기관과 인사교류를 실시한다.

② 인사교류의 범위와 절차 등 인사교류의 운영에 필요한 사항은 대통령령으로 정한다.

제14조(재외공관 근무)

① 외무공무원은 대통령령으로 정하는 기준에 따라 재외공관에 근무한다.

② 외교부장관은 재외공관의 업무 수행에 필요한 경우에는 외교통상직공무원 또는 외교정보기술직공무원에게 영사 업무를 담당하게 하거나 영사직공무원에게 외교정보 관리 및 통신 업무를 담당하게 할 수 있다.

제15조(국제기구 또는 외국기관 파견근무)

① 외무공무원은 대통령령으로 정하는 바에 따라 국제기구나 외국기관에 파견근무할 수 있다.

② 외무공무원은 국제기구 또는 외국기관 파견근무로 인하여 인사상 불리한 대우를 받지 아니한다.

제16조(교육훈련)

① 외무공무원은 국가관 및 사명감의 함양과 담당 직무에 필요한 지식 및 능력의 발전을 위하여 교육훈련을 받아야 한다.

② 외교부장관은 모든 외무공무원에게 균등한 교육훈련의 기회를 주고, 각 직위에 상응하는 교육훈련에 관한 종합적인 계획을 수립·시행하여야 하며, 외무공무원의 기능별·지역별 전문화를 촉진하기 위하여 국내외에서 필요한 교육을 실시하여야 한다.

③ 외교부장관은 교육훈련 결과를 인사관리에 반영하여야 한다.

제17조(인사평정)

① 외무공무원의 인사평정은 정기 또는 수시로 하되 객관적이고 엄정한 기준과 절차에 따라 실시한다.

② 삭제〈2011. 7. 25.〉

③ 인사평정의 결과는 보직·적격심사 등 모든 인사관리에 반영되어야 한다.

④ 인사평정의 방식·절차 등에 관하여 필요한 사항은 대통령령으로 정한다.

⑤ 제1항, 제3항 및 제4항에도 불구하고 고위공무원단에 속하는 외무공무원에 대한 근무성적평정의 방법은 대통령령으로 정하는 바에 따른다.

제18조(선서)

외무공무원은 재외공관 또는 국외파견근무의 명을 받았을 때에는 외교부장관 앞에서 다음의 선서를 한다.

"본인은 대한민국 외무공무원으로서 조국에 충성을 다하여 재외공관(국외파견) 근무 중 헌법과 법령 그리고 정부의 훈령을 성실히 준수하고, 국제법과 국제관례에 따라 국제 친선과 협력을 촉진하여 대한민국의 국위를 선양하며, 국가이익을 보호·신장함으로써 본인에게 부여된 사명과 책임을 완수할 것을 엄숙히 선서합니다."

제19조(복무)

① 외무공무원은 재외근무 시 특히 다음 각 호의 사항을 준수하여야 한다.

  1. 외교기밀의 엄수

  2. 품위유지

  3. 국제법의 준수 및 특권 · 면제의 남용 금지

② 외무공무원의 재외근무 시 복무에 필요한 사항은 대통령령으로 정한다.

③ 외무공무원은 외국의 영주권을 보유하거나 취득하여서는 아니 되며, 배우자나 자녀가 외국의 국적을 취득한 경우에는 외교부장관에게 신고하여야 한다.

제20조(보수)

외무공무원의 보수는 담당 직무의 비중 · 책임도 및 난이도, 업무수행능력, 업무 실적, 그 밖에 근무여건 등을 고려하여 대통령령으로 정한다.

제20조의2(직위의 정급)

① 외교부장관은 안전행정부장관과 협의하여 외교부와 그 소속 기관의 직위분류제를 적용받는 모든 직위를 어느 하나의 직무등급에 배정하여야 한다.

② 제1항에 따른 직무등급의 배정에 필요한 사항은 대통령령으로 정한다.

제21조(실비 변상 등)

① 외무공무원은 보수 외에 대통령령으로 정하는 바에 따라 직무수행 및 재외근무에 필요한 실비(實費)를 변상받을 수 있다.

② 재외근무를 하는 외무공무원과 그 동반가족은 외교부장관이 정하는 바에 따라 의료비 등 필요한 지원을 받을 수 있다.

제22조(재해보상)

외무공무원이 재외근무 중 천재지변, 전쟁, 사변, 내란, 폭동, 납치, 그 밖에 예기하지 못한 돌발사태로 인하여 그 공무원이나 가족이 사망 · 실종되거나 신체상 · 정신상 또는 재산상 뚜렷한 피해를 입은 경우와 근무지의 특수한 기후 · 풍토, 그 밖의 생활조건으로 인하여 발생한 질병으로 사망하거나 장애인이 된 경우에는 대통령령으로 정하는 바에 따라 그 공무원이나 가족은 재해보상금을 받을 수 있다.

제23조(의사와 다른 신분조치)

외무공무원은 형의 선고, 징계처분 또는 이 법에서 정하는 사유에 의하지 아니하고는 그 의사와 다른 면직 또는 휴직을 당하지 아니한다.

제24조(외무공무원 적격심사)

① 외무공무원(제13조의2에 따라 고위공무원단 직위에 임용되기 위한 외무공무원 자격심사 결과 적격 결정을 받은 사람은 제외한다)은 재직 중 다음 각 호의 어느 하나의 경우에 해당하면 외무공무원으로서 적격한지 여부를 심사(이하 "외무공무원 적격심사"라 한다)받아야 한다. 이 경우 외무공무원 적격심사는 그 사유가 발생한 날부터 6개월 이내에 실시하여야 하며, 그 구체적 심사시기 및 심사대상기간은 대통령령으로 정한다.

 1. 인사평정에서 최하위 등급을 총 3회 받은 경우

 2. 대통령령으로 정하는 정당한 사유 없이 직위를 부여받지 못한 기간이 총 3년에 이른 경우

 3. 대통령령으로 정하는 기간 내 획득한 외국어 어학검정 점수 중 최고 점수가 대통령령으로 정한 수준에 미달하는 경우

 4. 대통령령으로 정하는 바에 따라 외교부장관의 소환을 2회 받은 경우

② 삭제〈2011. 7. 25.〉

③ 외무공무원 적격심사를 위하여 외교부에 외무공무원 적격심사위원회를 둔다.

④ 외무공무원 적격심사위원회는 대통령령으로 정하는 공사급 이상의 외무공무원, 외교부장관이 위촉하는 외부인사(외부인사 중 1명 이상은 안전행정부장관이 추천하는 사람으로 한다) 등 7명 이상 15명 이하의 위원으로 구성하고, 위원장은 외교부차관으로 한다.

⑤ 외무공무원 적격심사위원회는 대통령령으로 정하는 바에 따라 제1항제1호부터 제4호까지의 경우에 해당하는 사람으로서 외무공무원의 직무를 계속 수행하게 하는 것이 곤란하다고 판단되는 사람을 부적격자로 결정한다.

⑥ 임용권자는 제5항에 따라 부적격자로 결정된 사람에게 직위를 부여하지 아니할 수 있다. 이 경우 임용권자는 직위해제된 사람에게 3개월의 범위에서 대기를 명하고, 능력회복이나 근무성적의 향상을 위한 교육훈련 또는 특별한 연구과제의 부여 등 필요한 조치를 하여야 한다.

⑦ 임용권자는 제6항에 따라 대기명령을 받은 사람이 그 기간에 능력 또는 근무성적의 향상을 기대하기 어렵다고 인정될 때에는 외무공무원 징계위원회의 동의를 받아 직권으로 면직시킬 수 있다.

⑧ 외무공무원 적격심사위원회의 구성 및 운영에 필요한 사항은 대통령령으로 정한다.

제25조(공관장 자격심사)

① 재외공관의 장에 임용될 사람은 임용되기 전에 자격심사(이하 "공관장 자격심사"라 한다)를 받아야 하며, 공관장 자격심사 결과 부적격 결정을 받은 사람은 재외공관의 장으로 임용될 수 없다.

② 공관장 자격심사를 위하여 외교부에 공관장 자격심사위원회를 둔다.

③ 공관장 자격심사위원회는 7명 이상 15명 이하의 위원으로 구성한다.

④ 공관장 자격심사위원회의 구성 및 운영과 공관장 자격심사의 심사 기준ㆍ시기 및 절차 등에 관하여 필요한 사항은 대통령령으로 정한다.

제26조(당연 퇴직 등)

① 외무공무원이 다음 각 호의 어느 하나에 해당할 때에는 당연히 퇴직한다.

　1. 제9조제2항 각 호의 어느 하나에 해당하는 경우. 다만,「국가공무원법」제33조제5호의

　경우에는 같은 법 제69조제1호 단서에 따른다.

　2. 임기제 외무공무원의 근무기간이 만료된 경우

② 외무공무원이 재외공관의 장으로서 합산하여 10년간 재직한 경우에는 당연히 퇴직한다. 이 경우 대통령령으로 정하는 특수지역 재외공관의 장으로 재직한 기간은 재외공관의 장으로 재직한 기간에 산입(算入)하지 아니한다.

③ 삭제〈2007. 5. 11.〉

④ 제2조의2제1항 단서의 대통령령으로 정하는 직위에 재직한 외무공무원이 보직을 받지 못한 경우(대통령령으로 정하는 바에 따라 임용절차가 진행 중인 경우와 휴직 중인 경우는 제외한다)에는 그 근무하는 직위에서 면하는 날에 당연히 퇴직한다. 다만, 재외공관의 직위에 보직되어 근무하는 사람의 경우에는 그 직위에서 면하는 날부터 120일이 되는 날에 당연히 퇴직한다.

⑤ 삭제〈2007. 5. 11.〉

⑥ 삭제〈2007. 5. 11.〉

⑦ 제27조제3항에 따라 정년을 초과하여 근무할 수 있는 직위(이하 "정년초과근무가능직위"라 한다)에 보직되어 정년을 초과하여 근무하는 사람이 계속하여 다른 정년초과근무가능직위에 보직되지 못하는 경우에는 그 근무하는 직위에서 면하는 날에 당연히 퇴직한다. 다만, 재외공관의 직위에 보직되어 근무하는 사람의 경우에는 그 직위에서 면하는 날부터 60일이 되는 날에 당연히 퇴직한다.

제26조의2(고위공무원단에 속하는 외무공무원에 대한 직권면직)

① 임용권자는 고위공무원단에 속하는 외무공무원이 보직을 받지 못한 기간(대통령령으로 정하는 바에 따라 임용절차가 진행 중인 경우와 휴직 중인 경우 그 해당 기간은 제외한다)이 계속하여 1년 6개월이 되는 때에는 직권으로 면직시킨다.

② 임용권자가 제1항에 따라 면직시킬 때에는 제7조에 따른 외무인사위원회의 심의를 거쳐야 한다.

③ 제2항에 따른 외무인사위원회의 심의절차와 심의기준 등에 관한 사항은 대통령령으로 정한다.

제26조의3(고위공무원단 적격심사)

① 고위공무원단에 속하는 외무공무원은「국가공무원법」제70조의2에 따른 적격심사를 받아야 한다.

② 제1항에 따른 적격심사는 외교부장관의 요구에 의하여「국가공무원법」제28조의6제1항에 따른 고위공무원임용심사위원회에서 한다.

제27조(정년)

① 외무공무원의 정년은 60세로 한다.

② 제1항에 따른 정년에 이른 외무공무원은 정년에 이른 날이 1월부터 6월 사이에 있으면 6월 30일에 퇴직하고, 7월부터 12월 사이에 있으면 12월 31일에 퇴직한다.

③ 제1항에도 불구하고 외교부 및 그 소속 기관의 직위 중 대통령령으로 정하는 직위에 재직 중인 사람(재외공관의 장으로 내정되어 임용절차가 진행 중인 사람을 포함한다)은 정년을 초과하여 근무하게 할 수 있다. 다만, 이 경우에도 64세를 초과할 수 없다.

제28조(징계)

① 외교부장관은 외무공무원이 다음 각 호의 어느 하나에 해당하는 경우에는 징계의결을 요구할 수 있다.

　　1. 이 법 및 「국가공무원법」과 이 법 및 「국가공무원법」에 따른 명령을 위반한 경우

　　2. 직무상의 의무를 위반하거나 직무를 게을리한 경우

　　3. 직무의 내외를 불문하고 외무공무원으로서의 품위나 위신을 손상시키는 행위를 한 경우

② 대통령령으로 정하는 공사급 이상의 직위에 재직 중이거나 재직하였던 외무공무원에 대한 징계의 의결은 「국가공무원법」에 따라 국무총리 소속으로 설치된 징계위원회에서 한다.

③ 제2항에서 규정된 직위에 있지 아니한 외무공무원에 대한 징계의 의결을 위하여 외교부에 대통령령으로 정하는 바에 따라 외무공무원 징계위원회를 둔다.

④ 외무공무원 징계위원회의 종류, 구성, 권한, 심의절차, 그 밖에 필요한 사항은 대통령령으로 정한다.

제31조(재외공관에 두는 다른 공무원)

재외공관에 근무하는 다른 국가공무원 및 지방공무원에 관하여는 이 법 또는 다른 법률에 특별한 규정이 있는 경우를 제외하고는 제5조ㆍ제6조ㆍ제9조ㆍ제18조ㆍ제19조ㆍ제21조 및 제22조를 준용하고, 그 파견절차, 교육, 근무규정, 그 밖에 필요한 사항은 대통령령으로 정한다.

제32조(재외공관 행정직원)

① 재외공관의 업무수행상 필요한 경우에는 재외공관에 행정직원을 둘 수 있다.

② 재외공관에 두는 행정직원의 직종, 채용방법, 보수, 근무조건, 그 밖에 필요한 사항은 외교부장관이 정한다.

외교부 공무원 행동강령

제1장 총 칙

제1조(목적)

이 영은 「부패방지 및 국민권익위원회의 설치와 운영에 관한 법률」 제8조, 「공무원 행동강령」, 「부정청탁 및 금품등 수수의 금지에 관한 법률」(이하 "청탁금지법"이라 한다) 및 같은 법 시행령에 따라 외교부에 소속되거나 파견된 공무원 등이 준수하여야 할 행동기준을 규정함을 목적으로 한다.

제2조(정의)

이 영에서 사용하는 용어의 뜻은 다음과 같다.

1. "외교부공무원"이란 「국가공무원법」 제2조에 따른 공무원 중 외교부 소속 공무원, 「공무원임용령」 제41조에 따라 외교부에 파견된 공무원 및 같은 법 제41조의2에 따라 외교부에 파견된 민간전문가를 말한다.

2. 삭제

3. "직무관련자"란 외교부공무원의 소관업무와 관련되는 자로서 다음 각 목의 어느 하나에 해당하는 개인[공무원이 사인(私人)의 지위에 있는 경우에는 개인으로 본다] 또는 법인 · 단체를 말한다.

　　가. 「민원 처리에 관한 법률」 제2조제1호가목1)에 따른 법정민원(장부 · 대장 등에 등록 · 등재를 신청 또는 신고하거나 특정한 사실 또는 법률관계에 관한 확인 또는 증명을 신청하는 민원은 제외한다), 같은 목 2)에 따른 질의민원 또는 같은 호 나목에 따른 고충민원을 신청하는 중이거나 신청하려는 것이 명백한 개인 또는 법인 · 단체

　　나. 인가 · 허가 등의 취소, 영업정지, 과징금 또는 과태료의 부과 등으로 직접적인 이익 또는 불이익을 받는 개인 또는 법인 · 단체

　　다. 수사 · 감사(監査) · 감독 · 검사 · 단속 · 행정지도 등의 대상인 개인 또는 법인 · 단체

　　라. 재결(裁決) · 결정 · 검정(檢定) · 감정(鑑定) · 시험 · 사정(査定) · 조정 · 중재 등으로 직접적인 이익 또는 불이익을 받는 개인 또는 법인 · 단체

　　마. 징집 · 소집 · 동원 등의 대상인 개인 또는 단체

　　바. 외교부(국립외교원과 재외공관을 포함한다)와 계약을 체결하거나 체결하려는 것이 명백한 개인 또는 법인 · 단체

　　사. 정책 · 사업 등의 결정 또는 집행으로 직접적인 이익 또는 불이익을 받는 개인 또는 법인 · 단체

4. "직무관련공무원"이란 외교부공무원의 직무수행과 관련하여 직접적인 이익 또는 불이익을 받는

다른 공무원을 말하며, 그 구체적인 범위는 다음 각 목과 같다.

　가. 직무상 지휘·명령을 받는 하급자

　나. 인사·예산·감사·상훈·평가 등의 대상인 공무원

　다. 사무를 위임·위탁하는 경우 그 사무를 위임·위탁하는 공무원 및 사무를 위임·위탁받는
　　공무원

5. "금품등"이란 다음 각 목의 어느 하나에 해당하는 것을 말한다.

　가. 금전, 유가증권, 부동산, 물품, 숙박권, 회원권, 입장권, 할인권, 초대권, 관람권, 부동산 등의
　　사용권 등 일체의 재산적 이익

　나. 음식물·주류·골프 등의 접대·향응 또는 교통·숙박 등의 편의 제공

　다. 채무 면제, 취업 제공, 이권(利權) 부여 등 그 밖의 유형·무형의 경제적 이익

제3조(적용범위)

이 영은 외교부 본부, 국립외교원 및 대한민국 재외공관의 외교부공무원에게 적용한다.

제2장 공정한 직무수행

제4조(공정한 직무수행을 해치는 지시에 대한 처리)

① 외교부공무원은 상급자가 자기 또는 타인의 부당한 이익을 위하여 공정한 직무수행을 현저하게
해치는 지시를 하였을 때에는 별지 제1호서식 또는 전자우편 등의 방법으로 그 사유를 당해
상급자에게 소명하고 지시에 따르지 아니하거나 별지 제2호서식 또는 전자우편 등의 방법으로
제24조의 규정에 따라 지정된 행동강령책임관 겸 청탁방지담당관과 상담할 수 있다.

② 제1항에 따라 지시를 이행하지 아니하였는데도 같은 지시가 반복될 때에는 즉시 행동강령책임관
겸 청탁방지담당관과 상담하여야 한다.

③ 제1항 또는 제2항에 따라 상담 요청을 받은 행동강령책임관 겸 청탁방지담당관은 지시내용을
확인하여 지시를 취소하거나 변경할 필요가 있다고 인정되면 이를 외교부장관에게 보고하여야
한다. 다만, 지시내용을 확인하는 과정에서 부당한 지시를 한 상급자가 스스로 그 지시를 취소하거나
변경하였을 때에는 외교부장관에게 보고하지 아니할 수 있다.

④ 제3항에 따른 보고를 받은 외교부장관은 필요하다고 인정되면 지시를 취소·변경하는 등 적절한
조치를 하여야 한다. 이 경우 공정한 직무수행을 해치는 지시를 제1항에 따라 이행하지
아니하였는데도 같은 지시를 반복한 상급자에게는 징계 등 필요한 조치를 할 수 있다.

⑤ 외교부공무원은 제1항에 따른 지시불이행을 이유로 어떠한 차별이나 불이익을 받지 아니한다.

⑥ 공정한 직무수행을 해치는 지시에 대한 행동지침은 별표 3과 같다.

제5조(사적 이해관계의 신고 등)

① 외교부공무원은 자신이 수행하는 직무가 다음 각 호의 어느 하나에 해당하는 경우에는

소속기관의 장에게 해당 사실을 별지 제2호의2서식에 따라 문서(전자문서를 포함한다. 이하 같다)로 신고하여야 한다. 다만, 단순 민원업무를 수행하는 경우에는 그러하지 아니하다.

  1. 자신이 직무관련자인 경우

  2. 4촌 이내의 친족(「민법」 제767조에 따른 친족을 말한다)이 직무관련자인 경우

  3. 자신이 2년 이내에 재직하였던 법인·단체가 직무관련자인 경우

  4. 자신 또는 가족(「민법」 제779조에 따른 가족을 말한다. 이하 같다)이 임직원 또는 사외이사로 재직하고 있는 법인·단체가 직무관련자인 경우

  5. 자신 또는 가족이 직무관련자를 대리하거나 직무관련자에게 고문·자문 등을 제공하거나 해당 대리·고문·자문 등의 업무를 하는 법인·단체에 소속되어 있는 경우

  6. 자신 또는 가족이 소유 명의와 관계없이 실질적인 소유관계를 기준으로, 단독으로 또는 합산하여 다음 각 목의 어느 하나의 주식·지분, 자본금 등을 소유하고 있는 법인·단체(이하 "특수관계사업자"라 한다)가 직무관련자인 경우

     가. 발행주식총수 100분의 30 이상의 주식

     나. 출자지분총수 100분의 30 이상의 지분

     다. 자본금 총액 100분의 50 이상의 자본금

  7. 500만원 이상의 금전거래가 있는 자가 직무관련자인 경우

  8. 외교부 퇴직 공무원으로서 퇴직 전 5년간 같은 부서에서 근무하였던 자가 직무관련자인 경우

  9. 학연, 지연, 종교, 직연 또는 채용동기 등 지속적인 친분관계가 있어 공정한 직무수행이 어렵다고 판단되는 자가 직무관련자인 경우

  10. 최근 2년 이내에 인가·허가, 계약의 체결, 정책·사업의 결정 또는 집행 등 직무수행으로 직접적인 이익을 주었던 자 중 지속적인 친분관계가 형성되어 공정한 직무수행이 어렵다고 판단되는 자가 직무관련자인 경우

② 직무관련자 또는 외교부공무원의 직무수행과 관련하여 이해관계가 있는 자는 해당 외교부공무원이 제1항 각 호의 어느 하나에 해당하는 직무를 수행하는 경우에는 그 소속기관의 장에게 별지 제2호의3서식에 따라 그 사유를 소명한 문서로 제5항 각 호의 조치를 신청할 수 있다.

③ 제2항의 신청을 받은 소속기관의 장은 신청의 대상이 된 외교부공무원에게 이에 대한 의견을 요구할 수 있으며, 요구를 받은 외교부공무원은 지체 없이 별지 제2호의4서식의 의견서를 제출하여야 한다.

④ 외교부공무원은 직무관련자와 제1항 각 호 외의 사적 이해관계가 있다고 인정하는 경우에도 소속기관의 장에게 별지 제2호의5서식에 따라 그 사유를 소명한 문서로 제5항 각 호의 조치를 신청할 수 있다.

⑤ 제1항 본문에 따른 신고나 제2항 및 제4항에 따른 신청을 받은 소속기관의 장은 외교부공무원의 공정한 직무수행을 저해할 수 있다고 판단하는 경우에는 해당 외교부공무원에게 다음 각 호의 조치를 할 수 있다.

  1. 직무 참여의 일시중지

2. 직무대리자 또는 직무공동수행자의 지정

3. 직무 재배정

4. 전보

⑥ 제5항에도 불구하고 소속기관의 장은 다음 각 호의 어느 하나에 해당하는 경우에는 해당 외교부공무원에게 그 직무를 수행하도록 할 수 있다. 이 경우 소속기관의 장은 행동강령책임관 겸 청탁방지담당관에게 공정한 직무수행 여부를 확인·점검하도록 하여야 한다.

1. 직무를 수행하는 외교부공무원을 대체하기 지극히 어려운 경우

2. 국가의 안전보장 및 경제발전 등 공익 증진을 이유로 직무수행의 필요성이 더 큰 경우

⑦ 소속기관의 장은 제5항 및 제6항 전단의 확인·조치 내역을 별지 제2호의6서식에 따라 기록·보관하여야 한다.

제5조의2(고위공직자의 민간 분야 업무활동 내역 제출)

① 차관급 이상의 외교부공무원(이하 "고위공직자"라 한다)은 그 직위에 임용된 날 또는 임기를 개시한 날부터 30일 이내에 임용 또는 임기 개시 전의 민간 분야 업무활동 내역(임용 또는 임기 개시 전 3년간의 내역을 말한다)을 별지 제2호의7서식에 따른 문서로 외교부장관(외교부장관이 제출하는 경우에는 행동강령책임관 겸 청탁방지담당관을 말한다)에게 제출하여야 한다.

② 제1항에 따른 민간 분야 업무활동 내역에는 다음 각 호의 사항이 포함되어야 한다.

1. 재직하였던 법인·단체와 그 업무 내용

2. 관리·운영하였던 사업 또는 영리행위의 내용

③ 외교부장관은 제1항에 따라 제출된 민간 분야 업무활동 내역을 보관·관리하여야 한다.

제5조의3(직무 관련 영리행위 등 금지)

① 외교부공무원은 직무와 관련하여 다음 각 호의 행위를 해서는 아니 된다. 다만, 「국가공무원법」 등 다른 법령에 따라 허용되는 경우에는 그러하지 아니하다.

1. 직무관련자에게 사적으로 노무 또는 조언·자문을 제공하고 대가를 받는 행위

2. 자신이 소속된 기관이 쟁송 등의 당사자가 되는 직무이거나 소속된 기관에게 직접적인 이해관계가 있는 직무인 경우에 소속기관의 상대방을 대리하거나 상대방에게 조언·자문 또는 정보를 제공하는 행위

3. 외국의 정부·기관·법인·단체를 대리하는 행위. 다만, 외교부장관이 허가한 경우는 제외한다.

4. 직무와 관련된 다른 직위에 취임하는 행위. 다만, 외교부장관이 허가한 경우는 제외한다.

② 외교부장관은 소속 외교부공무원의 행위가 제1항 각 호의 어느 하나에 해당한다고 인정하는 경우에는 그 행위를 중지하거나 종료하도록 해당 외교부공무원에게 명하여야 한다.

제5조의4(가족 채용 제한)

① 고위공직자는 외교부, 외교부의 소속 기관이나 산하기관(「공직자윤리법」 제3조의2제1항에 따른 공직유관단체와 「공공기관의 운영에 관한 법률」 제4조제1항에 따른 공공기관을 말한다. 이하 같다)에 자신의 가족이 채용되도록 지시하는 등 부당한 영향력을 행사해서는 아니 된다.

② 인사업무를 담당하는 외교부공무원(인사업무에 사실상 영향력을 행사할 수 있는 외교부공무원을 포함한다)은 자신이 소속된 기관에 자신의 가족이 채용되도록 지시하는 등 부당한 영향력을 행사해서는 아니 된다.

③ 산하기관을 지휘·감독·규제 또는 지원하는 업무를 담당하는 외교부공무원은 자신의 가족이 외교부의 산하기관에 채용되도록 지시하는 등 부당한 영향력을 행사해서는 아니 된다.

제5조의5(수의계약 체결 제한)

① 고위공직자는 외교부, 외교부의 소속 기관이나 산하기관과 물품·용역·공사 등의 수의계약(이하 "수의계약"이라 한다)을 체결해서는 아니 되며, 자신의 가족이나 특수관계사업자가 외교부, 외교부의 소속 기관이나 산하기관과 수의계약을 체결하도록 해서는 아니 된다.

② 계약업무를 담당하는 외교부공무원은 자신이 소속된 기관과 수의계약을 체결해서는 아니 되며, 자신의 가족이 그 기관과 수의계약을 체결하도록 해서는 아니 된다.

③ 산하기관을 지휘·감독·규제 또는 지원하는 업무를 담당하는 외교부공무원은 외교부의 산하기관과 수의계약을 체결해서는 아니 되며, 자신의 가족이 그 산하기관과 수의계약을 체결하도록 해서는 아니 된다.

제5조의6(퇴직자 사적 접촉의 신고)

외교부공무원은 직무관련자인 외교부의 퇴직자(퇴직한 날로부터 2년이 지나지 아니한 사람만 해당한다)와 골프, 여행, 사행성 오락을 같이 하거나 그로부터 향응을 제공받는 등 사적 접촉을 할 때에는 미리(사전 신고가 곤란한 경우에는 접촉을 마친 날부터 5일 이내) 외교부장관에게 별지 제2호의8서식에 따라 문서로 신고하여야 한다. 다만, 다른 법령 또는 사회상규에 따라 허용되는 경우에는 그러하지 아니하다.

제6조(특혜의 배제)

외교부공무원은 직무를 수행함에 있어 지연·혈연·학연·종교 등을 이유로 특정인에게 특혜를 주거나 특정인을 차별하여서는 아니 된다.

제7조(예산의 목적 외 사용 금지)

외교부공무원은 여비·업무추진비 등 공무활동을 위한 예산을 목적 외의 용도로 사용하여 외교부에 재산상 손해를 입혀서는 아니 된다.

제8조(정치인 등의 부당한 요구에 대한 처리)
① 외교부공무원은 정치인이나 정당 등으로부터 부당한 직무수행을 강요받거나 청탁을 받은 경우에는 자신의 인적사항, 요구내용 등을 기재한 별지 제3호서식 또는 전자우편 등의 방법으로 외교부장관에게 보고하거나 행동강령책임관 겸 청탁방지담당관과 상담한 후 처리하여야 한다.
② 제1항에 따라 보고를 받은 외교부장관이나 상담을 한 행동강령책임관 겸 청탁방지담당관은 그 외교부공무원이 공정한 직무수행을 할 수 있도록 적절한 조치를 하여야 한다.

제9조의3(인사 청탁 등의 금지)
① 외교부공무원은 자신의 임용·승진·전보 등 인사에 부당한 영향을 미치기 위하여 타인으로 하여금 인사업무 담당자에게 청탁을 하도록 해서는 아니 된다.
② 외교부공무원은 직위를 이용하여 다른 공무원의 임용·승진·전보 등 인사에 부당하게 개입해서는 아니 된다.

제3장 부당이득의 수수 금지 등

제10조(이권 개입 등의 금지)
외교부공무원은 자신의 직위를 직접 이용하여 부당한 이익을 얻거나 타인이 부당한 이익을 얻도록 해서는 아니 된다.

제10조의2(직위의 사적 이용 금지)
외교부공무원은 직무의 범위를 벗어나 사적 이익을 위하여 외교부의 명칭이나 자신의 직위를 공표·게시하는 등의 방법으로 이용하거나 이용하게 해서는 아니 된다.

제10조의3(알선·청탁 등의 금지)
① 외교부공무원은 자기 또는 타인의 부당한 이익을 위하여 다른 공직자(「부패방지 및 국민권익위원회의 설치와 운영에 관한 법률」 제2조제3호가목 및 나목에 따른 공직자를 말한다. 이하 이 조에서 같다)의 공정한 직무수행을 해치는 알선·청탁 등을 해서는 아니 된다.
② 외교부공무원은 직무수행과 관련하여 자기 또는 타인의 부당한 이익을 위하여 직무관련자를 다른 직무관련자나 공직자에게 소개해서는 아니 된다.
③ 외교부공무원은 자기 또는 타인의 부당한 이익을 위하여 자신의 직무권한을 행사하거나 지위·직책 등에서 유래되는 사실상 영향력을 행사하여 공직자가 아닌 자에게 다음 각 호의 어느 하나에 해당하는 알선·청탁 등을 해서는 아니 된다.
  1. 특정 개인·법인·단체에 투자·예치·대여·출연·출자·기부·후원·협찬 등을 하도록 개입하거나 영향을 미치도록 하는 행위
  2. 채용·승진·전보 등 인사업무나 징계업무에 관하여 개입하거나 영향을 미치도록 하는 행위

3. 입찰 · 경매 · 연구개발 · 시험 · 특허 등에 관한 업무상 비밀을 누설하도록 하는 행위

4. 계약당사자 선정, 계약 체결 여부 등에 관하여 개입하거나 영향을 미치도록 하는 행위

5. 특정 개인 · 법인 · 단체에 재화 또는 용역을 정상적인 관행에서 벗어나
매각 · 교환 · 사용 · 수익 · 점유 · 제공 등을 하도록 하는 행위

6. 각급 학교의 입학 · 성적 · 수행평가 등의 업무에 관하여 개입하거나 영향을 미치도록 하는 행위

7. 각종 수상, 포상, 우수기관 또는 우수자 선정, 장학생 선발 등에 관하여 개입하거나 영향을
미치도록 하는 행위

8. 감사 · 조사 대상에서 특정 개인 · 법인 · 단체가 선정 · 배제되도록 하거나 감사 · 조사 결과를
조작하거나 또는 그 위반사항을 묵인하도록 하는 행위

제11조(직무 관련 정보를 이용한 거래 등의 제한)
① 외교부공무원은 직무수행 중 알게 된 정보를 이용하여 유가증권 · 부동산 등과 관련된 재산상
거래 또는 투자를 하거나 타인에게 그러한 정보를 제공하여 재산상 거래 또는 투자를 돕는 행위를
해서는 아니 된다.
② 제1항에 규정된 직무수행 중 알게 된 정보는 다음 각 호의 사항을 포함한다.
  1. 양자 및 다자 국제회의를 통하여 지득한 비공개 정보
  2. 국내외에서의 외교활동 수행과정을 통하여 지득한 경제 · 통상 관련 비공개 정보
  3. 기타 외교업무 수행과정에서 지득한 국익과 밀접한 관계를 갖는 정보

제12조(공용물의 사적 사용 · 수익의 금지)
외교부공무원은 관용 차량 · 선박 · 항공기 등 공용물과 예산의 사용으로 제공되는 항공마일리지,
적립포인트 등 부가서비스를 정당한 사유 없이 사적인 용도로 사용 · 수익해서는 아니 된다.

제12조의2(사적 노무 요구 금지)
외교부공무원은 자신의 직무권한을 행사하거나 지위 · 직책 등에서 유래되는 사실상 영향력을
행사하여 직무관련자 또는 직무관련공무원으로부터 사적 노무를 제공받거나 요구 또는 약속해서는
아니 된다. 다만, 다른 법령 또는 사회상규에 따라 허용되는 경우에는 그러하지 아니하다.

제12조의3(직무권한 등을 행사한 부당 행위의 금지)
외교부공무원은 자신의 직무권한을 행사하거나 지위 · 직책 등에서 유래되는 사실상 영향력을
행사하여 다음 각 호의 어느 하나에 해당하는 부당한 행위를 해서는 안 된다.
1. 인가 · 허가 등을 담당하는 외교부공무원이 그 신청인에게 불이익을 주거나 제3자에게 이익 또는
불이익을 주기 위하여 부당하게 그 신청의 접수를 지연하거나 거부하는 행위
2. 직무관련공무원에게 직무와 관련이 없거나 직무의 범위를 벗어나 부당한 지시 · 요구를 하는 행위
3. 외교부공무원 자신이 소속된 기관이 체결하는 물품 · 용역 · 공사 등 계약에 관하여

직무관련자에게 자신이 소속된 기관의 의무 또는 부담의 이행을 부당하게 전가하거나 자신이
소속된 기관이 집행해야 할 업무를 부당하게 지연하는 행위

4. 외교부공무원 자신이 소속된 기관의 소속 기관 또는 산하기관에 자신이 소속된 기관의 업무를
부당하게 전가하거나 그 업무에 관한 비용·인력을 부담하도록 부당하게 전가하는 행위

5. 그 밖에 직무관련자, 직무관련공무원, 외교부공무원 자신이 소속된 기관의 소속 기관 또는
산하기관의 권리·권한을 부당하게 제한하거나 의무가 없는 일을 부당하게 요구하는 행위

제13조(금품등의 수수 금지)

① 외교부공무원은 직무 관련 여부 및 기부·후원·증여 등 그 명목에 관계없이 동일인으로부터
1회에 100만원 또는 매 회계연도에 300만원을 초과하는 금품등을 받거나 요구 또는 약속해서는
아니 된다.

② 외교부공무원은 직무와 관련하여 대가성 여부를 불문하고 제1항에서 정한 금액 이하의 금품등을
받거나 요구 또는 약속해서는 아니 된다.

③ 제14조의 외부강의등에 관한 사례금 또는 다음 각 호의 어느 하나에 해당하는 금품등의 경우에는
제1항 또는 제2항에서 수수를 금지하는 금품등에 해당하지 아니한다.

  1. 외교부가 외교부공무원에게 지급하거나 상급 외교부공무원이 위로·격려·포상 등의
  목적으로 하급 외교부공무원에게 제공하는 금품등

  2. 원활한 직무수행 또는 사교·의례 또는 부조의 목적으로 제공되는 음식물·경조사비·선물
  등으로서 별표 1에서 정하는 가액 범위 안의 금품등

  3. 사적 거래(증여는 제외한다)로 인한 채무의 이행 등 정당한 권원(權原)에 의하여 제공되는 금품등

  4. 친족(「민법」 제777조에 따른 친족을 말한다)이 제공하는 금품등

  5. 외교부공무원과 관련된
  직원상조회·동호인회·동창회·향우회·친목회·종교단체·사회단체 등이 정하는 기준에
  따라 구성원에게 제공하는 금품등 및 그 소속 구성원 등 외교부공무원과 특별히
  장기적·지속적인 친분관계를 맺고 있는 자가 질병·재난 등으로 어려운 처지에 있는
  외교부공무원에게 제공하는 금품등

  6. 외교부공무원의 직무와 관련된 공식적인 행사에서 주최자가 참석자에게 통상적인 범위에서
  일률적으로 제공하는 교통, 숙박, 음식물 등의 금품등

  7. 불특정 다수인에게 배포하기 위한 기념품 또는 홍보용품 등이나 경연·추첨을 통하여 받는
  보상 또는 상품 등

  8. 그 밖에 다른 법령·기준 또는 사회상규에 따라 허용되는 금품등

④ 외교부공무원은 제3항제5호에도 불구하고 같은 호에 따라 특별히 장기적·지속적인 친분관계를
맺고 있는 자가 직무관련자 또는 직무관련공무원으로서 금품등을 제공한 경우에는 그 수수 사실을
외교부장관에게 신고하여야 한다.

⑤ 외교부공무원은 자신의 배우자나 직계존속·비속이 자신의 직무와 관련하여 제1항 또는 제2항에

따라 외교부공무원이 받는 것이 금지되는 금품등(이하 "수수 금지 금품등"이라 한다)을 받거나 요구하거나 제공받기로 약속하지 아니하도록 하여야 한다.

⑥ 외교부공무원은 다른 공무원에게 또는 그 공무원의 배우자나 직계존속·비속에게 수수 금지 금품등을 제공하거나 그 제공의 약속 또는 의사표시를 해서는 아니 된다.

제13조의2(외교활동 관련 공식행사의 기준)

이 영 제13조제3항제6호, 청탁금지법 제8조제3항제6호와 관련한 공식행사의 판단 기준에 있어, 특히 외교활동 관련 공식행사에 대해서는 아래와 같은 기준에 따른다.

1. 외교업무 또는 그러한 업무의 효율적 수행과 직접 관련성이 있는 행사로서, 외국의 정부·공공기관·기타 단체 또는 국제기구 등을 대표하거나 그 위임을 받은 자가 자체 예산으로 주최하는 행사를 말한다.

2. 단, 외교활동 관련 공식행사에 참석하는 경우에도 별표 1에서 정한 허용가액을 가급적 준수하도록 노력하여야 한다. 동 허용가액을 과도하게 초과하는 행사의 경우에는 참석 여부와 관련하여 행동강령책임관 겸 청탁방지담당관과 협의하여야 하며, 동 참석 여부를 결정함에 있어서는 불참할 경우 우리의 외교적 이익이 훼손될 것인지 여부가 판단의 주된 기초가 되어야 한다.

제13조의3(공무 국외여행 지원 기준)

이 영 제13조, 청탁금지법 제8조와 관련한 재외공관의 공무 국외여행 지원 기준은 다음과 같다.

1. 재외공관장은 공직자가 외교활동을 위한 공무 국외여행으로 주재국을 방문한 경우, 공직자가 소속된 기관의 장의 요청 및 이에 따른 외교부 본부의 지침에 따라 효율적인 외교활동이 이루어질 수 있도록 이 영 제13조 및 청탁금지법 제8조에 저촉되지 아니하는 범위 내에서 인사·감사·예산업무 시행·결정자 등 직무상 직접적인 이해관계에 있는 자 이외의 공직자에게 필요한 지원을 할 수 있다.

2. 제1호에 따른 공무 국외여행 지원은 외교부훈령 「공직자 공무국외여행시 재외공관 업무협조지침」 및 외교부예규 「국회의원 공무국외여행시 재외공관 업무협조지침」이 정한 범위 내에서 실시한다.

3. 제1호와 제2호에 따라 공무 국외여행을 지원할 때에는 별표 1에서 정한 허용가액을 가급적 준수하도록 노력하여야 하고, 지원의 범위와 수준을 결정함에 있어서는 지원을 하지 않을 경우 우리의 외교적 이익이 훼손될 것인지 여부 또는 주재국 내 테러 위협, 열악한 치안·사회 인프라 등 현지 사정에 따른 보호 필요성 등이 판단의 주된 기초가 되어야 한다.

4. 인사·감사·예산업무의 시행·결정자 등 직무상 직접적인 이해관계에 있는 자의 공무 국외여행의 경우에도 주재국 내 치안, 사회 인프라 등 현지 사정을 고려하여 이 영 제13조제3항제8호 및 청탁금지법 제8조제3항제8호를 근거로 필요한 지원을 할 수 있다. 이 경우 지원 여부와 범위를 결정하는 데 외교부예규 「외무공무원의 인사·복무·교육 훈련·소환에 관한 예규」 별표 15 재외공관 구분표상 다·라 지역에 해당되는지 여부 또는 일정한 지원을 하지 않을 경우 공무 국외여행의 본래의 목적을 달성하는 데 미치는 영향 등이 하나의 기준이 될 수 있다.

5. 보다 구체적인 판단이 필요한 경우 공관장은 행동강령책임관 겸 청탁방지담당관과 협의하여야 한다.

제13조의4(외국 정부 등으로부터의 선물에 대한 특별규정)

① 외교부공무원이 외국으로부터 선물을 받거나 그 직무와 관련하여 외국인(외국단체를 포함한다)에게 선물을 받는 경우, 이는 이 영 제13조제3항제8호, 청탁금지법 제8조제3항제8호 및 「공직자윤리법」 제15조에 따라 원칙적으로 허용된다.

② 제1항의 선물의 신고와 관리에 관한 사항은 외교부훈령 「외국(인)이 제공하는 선물에 대한 신고 및 관리 규정」에 따른다.

제13조의5(감독기관의 부당한 요구 금지)

① 감독 · 감사 · 조사 · 평가를 하는 기관(이하 이 조에서 "감독기관"이라 한다)에 소속된 외교부공무원은 자신이 소속된 기관의 출장 · 행사 · 연수 등과 관련하여 감독 · 감사 · 조사 · 평가를 받는 기관(이하 이 조에서 "피감기관"이라 한다)에 다음 각 호의 어느 하나에 해당하는 부당한 요구를 해서는 안 된다.

　1. 법령에 근거가 없거나 예산의 목적 · 용도에 부합하지 않는 금품등의 제공 요구

　2. 감독기관 소속 외교부공무원에 대하여 정상적인 관행을 벗어난 예우 · 의전의 요구

② 제1항에 따른 부당한 요구를 받은 피감기관 소속 공직자는 그 이행을 거부해야 하며, 거부했음에도 불구하고 감독기관 소속 외교부공무원으로부터 같은 요구를 다시 받은 때에는 그 사실을 피감기관의 행동강령책임관(피감기관이 「공직자윤리법」 제3조의2제1항에 따른 공직유관단체인 경우에는 행동강령에 관한 업무를 담당하는 직원을 말한다. 이하 이 조에서 같다)에게 별지 제13호 서식에 따른 서면으로 알려야 한다. 이 경우 행동강령책임관은 그 요구가 제1항 각 호의 어느 하나에 해당하는 경우에는 지체 없이 피감기관의 장에게 보고해야 한다.

③ 제2항 후단에 따른 보고를 받은 피감기관의 장은 제1항 각 호의 어느 하나에 해당하는 경우에는 그 사실을 해당 감독기관의 장에게 알려야 하며, 그 사실을 통지받은 감독기관의 장은 해당 요구를 한 소속 외교부공무원에 대하여 징계 등 필요한 조치를 해야 한다.

제4장 건전한 공직풍토의 조성

제14조(외부강의등의 사례금 수수 제한)

① 외교부공무원은 자신의 직무와 관련되거나 그 지위 · 직책 등에서 유래되는 사실상의 영향력을 통하여 요청받은 교육 · 홍보 · 토론회 · 세미나 · 공청회 또는 그 밖의 회의 등에서 한 강의 · 강연 · 기고 등(이하 "외부강의등"이라 한다)의 대가로서 별표 2에 따른 금액을 초과하는 사례금을 받아서는 아니 된다.

② 외교부공무원은 사례금을 받는 외부강의등을 할 때에는 외부강의등의 요청 명세 등을 별지 제4호서식에 의하여 외교부장관에게 그 외부강의등을 마친 날부터 10일 이내에 서면으로

신고하여야 한다. 다만, 외부강의등을 요청한 자가 국가나 지방자치단체인 경우에는 그러하지 아니하다.

③ 삭제

④ 외교부장관은 제2항에 따라 외교부공무원이 신고한 외부강의등이 공정한 직무수행을 저해할 수 있다고 판단하는 경우에는 그 외교부공무원의 외부강의등을 제한할 수 있다.

⑤ 외교부공무원은 제1항에 따른 금액을 초과하는 사례금을 받은 경우에는 그 사실을 안 날부터 2일 이내에 별지 제5호서식에 따라 외교부장관에게 신고하고, 제공자에게 그 초과금액을 지체 없이 반환하여야 한다.

⑥ 외교부공무원은 제5항에 따라 초과금액을 반환한 경우에는 별지 제6호서식에 의하여 그 반환 비용을 외교부장관에게 청구할 수 있다.

⑦ 외교부공무원이 대가를 받고 외부강의등을 하는 경우 월 3회 또는 월 6시간을 초과할 수 없다. 다만, 부득이한 사유로 이를 초과하는 경우는 사전에 행동강령책임관 겸 청탁방지담당관의 검토를 거쳐 외교부장관으로부터 승인을 받아야 하며, 국립외교원 소속 외교부공무원은 국립외교원장의 승인으로 갈음할 수 있다.

제15조(직무관련자 거래 신고)

① 외교부공무원은 자신, 배우자, 직계존속 · 비속(생계를 같이 하는 경우만 해당한다. 이하 이 조에서 같다) 또는 특수관계사업자가 외교부공무원 자신의 직무관련자 또는 직무관련공무원과 직접 다음 각 호의 어느 하나에 해당하는 행위를 하는 경우(무상인 경우를 포함한다)에는 미리 외교부장관에게 별지 제6호의2서식에 따라 문서로 신고하여야 한다.

　　1. 금전을 빌리거나 빌려주는 행위 및 유가증권을 거래하는 행위. 다만,「금융실명거래 및 비밀보장에 관한 법률」제2조제1호에 따른 금융회사등으로부터 통상적인 조건으로 금전을 빌리는 행위 및 유가증권을 거래하는 행위는 제외한다.

　　2. 부동산, 자동차, 선박, 항공기, 건설기계, 그 밖에 이에 준하는 재산을 거래하는 행위. 다만, 공매 · 경매 · 입찰 및 공개추첨(이하 "공매등"이라 한다)을 통한 거래 행위는 제외한다.

　　3. 제1호 및 제2호의 거래 행위 외에 물품(일상생활용품은 제외한다), 용역, 공사 등의 계약을 체결하는 행위. 다만, 공매등을 통한 계약 체결 행위 또는 거래관행상 불특정다수를 대상으로 반복적으로 행해지는 계약 체결 행위는 제외한다.

② 외교부공무원은 자신, 배우자, 직계존속 · 비속 또는 특수관계사업자가 외교부공무원 자신의 직무관련자이었던 자이거나 직무관련공무원이었던 사람과 제1항 각 호의 어느 하나에 해당하는 행위를 하는 경우에는 미리 외교부장관에게 별지 제6호의2서식에 따라 신고하여야 한다. 다만, 그 직무관련자 또는 직무관련공무원과 관련된 직무 수행이 종료된 날부터 2년이 지난 경우에는 그러하지 아니하다.

③ 제1항 및 제2항에도 불구하고 직무관련자나 직무관련공무원 또는 직무관련자이었던 자나 직무관련공무원이었던 사람이「민법」제777조에 따른 친족인 경우는 신고대상에서 제외한다.

④ 외교부공무원은 제1항 및 제2항에 따른 사전 신고가 곤란한 경우에는 해당 거래 등의 행위를 마친 날부터 5일 이내에 신고하여야 한다. 다만, 외교부공무원 자신의 거래 등의 행위가 아니거나 제3자가 중개 또는 대리하여 거래한 경우로서 미리 이를 알고 신고하기 어려운 경우에는 거래 등의 사실을 안 날부터 5일 이내에 신고하여야 한다.
⑤ 외교부장관은 제1항 및 제2항에 따라 외교부공무원이 신고한 행위가 공정한 직무수행을 저해할 수 있다고 판단되는 경우에는 해당 외교부공무원에게 제5조제5항 및 제6항에 따른 조치 등을 할 수 있다.

제16조(경조사의 통지 제한)
외교부공무원은 직무관련자나 직무관련공무원에게 경조사를 알려서는 아니 된다. 다만, 다음 각 호의 어느 하나에 해당하는 경우에는 경조사를 알릴 수 있다.
1. 친족(「민법」 제767조에 따른 친족을 말한다)에게 알리는 경우
2. 현재 근무하고 있거나 과거에 근무하였던 기관의 소속 직원에게 알리는 경우
3. 신문, 방송 또는 제2호에 따른 직원에게만 열람이 허용되는 내부통신망 등을 통하여 알리는 경우
4. 자신이 소속된 종교단체 · 친목단체 등의 회원에게 알리는 경우

제17조(정보시스템의 입력)
행동강령책임관 겸 청탁방지담당관은 국민권익위원회가 운영하는 정보시스템이 마련된 경우 동 시스템에 행동강령 운영실적을 입력하여야 한다.

제5장 위반 시의 조치

제18조(위반 여부에 대한 상담)
① 외교부공무원은 이 영을 위반하는지가 분명하지 아니할 때에는 행동강령책임관 겸 청탁방지담당관과 상담한 후 처리하여야 한다.
② 행동강령책임관 겸 청탁방지담당관은 제1항의 규정에 의한 상담이 원활하게 이루어질 수 있도록 전용전화 · 상담실 설치 등 필요한 조치를 취하여야 한다.

제19조(위반행위의 신고와 확인)
① 누구든지 외교부공무원이 이 영을 위반한 사실을 알게 되었을 때에는 그 외교부공무원을 외교부 또는 국민권익위원회에 신고할 수 있다.
② 제1항에 따라 신고하는 자는 별지 제8호서식에 의하여 본인과 위반자의 인적사항과 위반내용을 구체적으로 제시해야 한다.
③ 제1항에 따라 위반행위를 신고받은 외교부장관과 행동강령책임관 겸 청탁방지담당관은 신고인과 신고내용에 대하여 비밀을 보장하여야 하며, 신고인이 신고에 따른 불이익을 받지

아니하도록 하여야 한다.

④ 행동강령책임관 겸 청탁방지담당관은 제1항에 따라 신고된 위반행위를 확인한 후 해당 외교부공무원으로부터 받은 소명자료를 첨부하여 외교부장관에게 보고하여야 한다.

제19조의2(징계 등)

제19조제4항에 따른 보고를 받은 외교부장관은 외교부공무원을 징계하는 등 필요한 조치를 할 수 있다.

제20조(부정청탁의 신고 및 처리)

① 외교부공무원은 청탁금지법 제5조의 부정청탁(이하 "부정청탁"이라 한다)을 받았을 때에는 부정청탁을 한 자에게 부정청탁임을 알리고 이를 거절하는 의사를 명확히 표시하여야 한다.

② 외교부공무원은 제1항에 따른 조치를 하였음에도 불구하고 동일한 부정청탁을 다시 받은 경우에는 이를 외교부장관에게 별지 제9호서식에 따라 서면으로 신고하여야 한다.

제21조(수수 금지 금품등의 신고 및 처리)

① 외교부공무원은 다음 각 호의 어느 하나에 해당하는 경우에는 외교부장관에게 지체 없이 별지 제9호서식에 따라 서면으로 신고하여야 한다.

　1. 자신이 수수 금지 금품등을 받거나 그 제공의 약속 또는 의사표시를 받은 경우

　2. 자신의 배우자나 직계존속·비속이 수수 금지 금품등을 받거나 그 제공의 약속 또는 의사표시를 받은 사실을 안 경우

② 외교부공무원은 제1항 각 호의 어느 하나에 해당하는 경우에는 금품등을 제공한 자(이하 이 조에서 "제공자"라 한다) 또는 제공의 약속이나 의사표시를 한 자에게 그 제공받은 금품등을 지체 없이 반환하거나 반환하도록 하거나 그 거부의 의사를 밝히거나 밝히도록 하여야 한다.

③ 외교부공무원은 제2항에 따라 금품등을 반환한 경우에는 증명자료를 첨부하여 별지 제6호서식에 따라 그 반환 비용을 외교부장관에게 청구할 수 있다.

④ 외교부공무원은 제2항에 따라 반환하거나 반환하도록 하여야 하는 금품등이 다음 각 호의 어느 하나에 해당하는 경우에는 외교부장관에게 인도하거나 인도하도록 하여야 한다.

　1. 멸실·부패·변질 등의 우려가 있는 경우

　2. 제공자나 제공자의 주소를 알 수 없는 경우

　3. 그 밖에 제공자에게 반환하기 어려운 사정이 있는 경우

⑤ 외교부장관은 제4항에 따라 금품등을 인도받은 경우에는 즉시 사진으로 촬영하거나 영상으로 녹화하고 별지 제10호서식으로 관리하여야 하며, 다른 법령에 특별한 규정이 있는 경우를 제외하고는 다음 각 호에 따라 처리한다.

　1. 수수 금지 금품등이 아닌 것으로 확인된 경우 : 금품등을 인도한 자에게 반환

　2. 수수 금지 금품등에 해당하는 것으로 확인된 경우로서 추가적인 조사·감사·수사 또는 징계

등 후속조치를 위하여 필요한 경우 : 관계 기관에 증거자료로 제출하거나 후속조치가 완료될

때까지 보관

3. 제1호 및 제2호의 규정에도 불구하고 멸실 · 부패 · 변질 등으로 인하여 반환 · 제출 · 보관이

어렵다고 판단되는 경우 : 별지 제11호서식에 따라 금품등을 인도한 자의 동의를 받아 폐기처분

4. 그 밖의 경우에는 세입조치 또는 사회복지시설 · 공익단체 등에 기증하거나 외교부장관이

정하는 기준에 따라 처리

⑥ 외교부장관은 제5항에 따라 처리한 금품등에 대하여 별지 제12호서식으로 관리하여야 하며,

제5항에 따른 처리 결과를 제공자에게 통보하여야 한다. 다만, 제공자의 주소를 알 수 없는 경우에는

통보하지 아니할 수 있다.

제21조의2(부정청탁 및 금품등 수수에 따른 직무 참여 일시중지 등 조치)

① 외교부장관은 외교부공무원에 대한 부정청탁이 있었던 사실을 알게 된 경우 또는 부정청탁에

관한 신고 · 확인 과정에서 해당 직무의 수행에 지장이 있다고 인정하는 경우에는 부정청탁을 받은

외교부공무원에 대하여 다음 각 호의 조치를 취할 수 있다. 외교부공무원, 그 배우자 또는

직계존속 · 비속이 수수 금지 금품등을 받거나 그 제공의 약속 또는 의사표시를 받은 사실을 알게 된

경우 또는 신고, 금품등의 반환 · 인도 내지 수사기관에 대한 통보의 과정에서 직무의 수행에 지장이

있다고 인정하는 경우에도 같다.

1. 직무 참여 일시중지

2. 직무대리자 지정

3. 직무공동수행자 지정

4. 사무분장 변경

5. (제1호 내지 제4호의 조치로 목적을 달성하기 어려운 경우) 전보

② 외교부장관은 외교부공무원이 다음 각 호의 어느 하나에 해당하는 경우에는 제1항에도 불구하고

그 외교부공무원에게 직무를 수행하게 할 수 있다. 이 경우 행동강령책임관 겸 청탁방지담당관은 그

외교부공무원의 공정한 직무수행 여부를 주기적으로 확인 · 점검하여야 한다.

1. 직무를 수행하는 외교부공무원을 대체하기 지극히 어려운 경우

2. 외교부공무원의 직무수행에 미치는 영향이 크지 아니한 경우

3. 국가의 안전보장 및 경제발전 등 공익증진을 이유로 직무수행의 필요성이 더 큰 경우

제22조(부당이득의 환수)

청탁금지법 제5조, 제6조 및 이 영 제13조를 위반하여 수행한 외교부공무원의 직무가 위법한 것으로

확정된 경우에는 그 직무의 상대방에게 이미 지출 · 교부된 금액 또는 물건이나 그 밖에 재산상

이익을 환수하여야 한다.

제6장 보 칙

제23조(교육)

① 외교부장관은 외교부공무원에 대하여 이 영의 준수를 위한 교육계획을 수립·시행하여야 하며, 매년 1회 이상 교육을 하여야 한다.

② 외교부장관은 외교부공무원을 신규 임용할 때 이 영의 교육을 하고 청탁금지법을 준수할 것을 약속하는 서약서를 받아야 한다.

③ 외교부장관은 제1항과 제2항이 규정하고 있는 교육을 실시하기 위하여 소속 교육기관에 이 영의 교육과정을 운영할 수 있다.

④ 외교부장관은 이 영의 위반이 확인된 자에 대하여 외부위탁교육을 명할 수 있다.

⑤ 제1항에 따라 실시하는 교육은 다음 각 호의 사항을 포함하여야 한다.

1. 직무와 관련하여 향응·금품 등을 받는 행위의 금지·제한에 관한 사항

2. 직위를 이용한 인사관여·이권개입·알선·청탁행위 및 부당행위 등의 금지·제한에 관한 사항

3. 공정한 인사 등 건전한 공직풍토 조성을 위하여 공직자가 지켜야 할 사항

4. 공직자 행동강령 위반행위에 대한 신고·처리 절차 및 신고자 보호 등에 관한 사항

5. 그 밖에 부패의 방지와 공직자의 직무의 청렴성 및 품위유지 등을 위하여 필요한 사항

© femme

행복한 직업 찾기
나의 직업 외교관

초판 1쇄 인쇄 2014년 5월 8일

개정판 1쇄 인쇄 2021년 6월 20일
개정판 1쇄 발행 2021년 6월 30일

글　　　　 | 꿈디자인LAB
펴 낸 곳 | 동천출판
사　　 진 | Pixabay, shutterstock.

등　　 록 | 2013년 4월 9일 제319-2013-25호
주　　 소 | 서울특별시 서초구 효령로 60길 15(서초동, 202호)
전화번호 | (02) 588 - 8485
팩　　 스 | (02) 583 - 8480
전자우편 | dongcheon35@naver.com

값 15,000원
ISBN　　　 979-11-85488-59-2 (44370)
　　　　　 979-11-85488-05-9 (세트)

*잘못 만들어진 책은 구입하신 서점에서 바꿔 드립니다.